بسم الله الرحمن الرحيم

تقرير معلومات

(16)

دور الاتحاد الأوروبي

في مسار التسوية السلمية للقضية الفلسطينية

رئيس التحرير
د. محسن صالح

مدير التحرير
ربيع الدنّان

هيئة التحرير
باسم القاسم
حياة الددا
صالح الشنّاط
محمد جمّال

قسم الأرشيف والمعلومات

مركز الزيتونة للدراسات والاستشارات
بيروت - لبنان

Information Report (16)
**The Role of the EU in the Peace Process
of the Palestinian Issue**

Prepared By:
Information Department, Al-Zaytouna Centre
Editor:
Dr. Mohsen Moh'd Saleh
Managing Editor:
Rabie el-Dannan

© جميع الحقوق محفوظة

2010 م – 1431 هـ

بيروت – لبنان

ISBN 978–9953–500–91–1

مركز الزيتونة للدراسات والاستشارات

ص.ب: 14-5034، بيروت – لبنان

تـلـفون: 44 36 80 1 961+

تلفاكس: 43 36 80 1 961+

بريد إلكتروني: info@alzaytouna.net

الموقــع: www.alzaytouna.net

تصميم الغلاف

مروة غلاييني

طباعة

Golden Vision sarl +961 1 820434

فهرس المحتويات

3

مقدمة

قبل أكثر من خمسين عاماً، بدأت كل من فرنسا وألمانيا وإيطاليا وبلجيكا وهولندا ولوكسمبورج، في تنفيذ شراكة فريدة من نوعها حينما وقعت في آذار/ مارس 1957 معاهدات روما، واضعة بذلك حجر الأساس لتكوين الاتحاد الأوروبي. وجاءت هذه الخطوة بعد أن أدركت أوروبا أفول نجم إمبراطورياتها مع نهاية الحرب العالمية الثانية، وتحول الولايات المتحدة الأمريكية فيما بعد إلى اللاعب رقم واحد على مسرح السياسة الدولية.

وعلى الرغم من بعض التعارضات الجديّة الأوروبية – الأمريكية حول كيفية إدارة المواقف السياسية في الشرق الأوسط عموماً وفي فلسطين خصوصاً، اتسمت سياسة الاتحاد الأوروبي الخارجية في منطقة الشرق الأوسط بمنطق رد الفعل؛ سواء على الأحداث، أو المبادرات والحلول الأمريكية. لذلك لم ينظر الاتحاد قط لسياسته تجاه القضية الفلسطينية كسياسة مستقلة بذاتها، بل كان يتم النظر إليها بوصفها جزءاً من سياسة أشمل وأكبر قد تتسع لتشمل المنطقة العربية، أو الشرق الأوسط بشكل عام.

وانطلاقاً من أهمية الموضوع اختار قسم الأرشيف المعلومات في مركز الزيتونة للدراسات والاستشارات أن يتناول في التقرير السادس عشر من سلسلة تقارير المعلومات دور الاتحاد الأوروبي في مسار التسوية السلمية للقضية الفلسطينية. ويسلط هذا التقرير الضوء على الأحداث والتطورات بعد انتهاء الحرب العالمية الثانية، والتي أسهمت في بلورة فكرة إنشاء الإتحاد الأوروبي، والمواقف الأوروبية من القضية الفلسطينية منذ سنة 1917، واختلافها في التأثير على القضية الفلسطينية، وفكرة الشراكة الأورو–متوسطية، والدافع إلى ذلك.

ويعرج على السياسة الأوروبية الخارجية تجاه القضية الفلسطينية، ومدى ارتباطها بالسياسة الأمريكية، والمصالح الأوروبية من العملية السلمية في الشرق الأوسط، ومن ثم يعرض التقرير الإسهامات الأوروبية في عملية التسوية منذ مؤتمر مدريد للسلام Madrid Conference سنة 1991 حتى نهاية سنة 2009، ويتحدث التقرير عن مواقف الاتحاد الأوروبي من التعامل مع حركات المقاومة الفلسطينية، ومن الانتخابات الفلسطينية سنة 2006 التي فازت فيها حركة حماس. كما يبين موقف الاتحاد الأوروبي من الحصار على غزة، ومن العدوان الإسرائيلي على قطاع غزة 2009/1/18-2008/12/27.

أولاً: السياسة الخارجية الأوروبية تجاه القضية الفلسطينية

1. نشأة الاتحاد الأوروبي:

أسهمت أحداث وتطورات عديدة منذ انتهاء الحرب العالمية الثانية، في بلورة فكرة إنشاء الاتحاد الأوروبي، ففي 1947/6/5 اقترح الجنرال الأمريكي جورج مارشال George Marshall مساعدة أمريكية قيمتها ثلاثة مليارات دولار لدول القارة الأوروبية التي دُمرت بعد الحرب العالمية الثانية[1]. ولتسهيل إدارتها أسست اتفاقية باريس في 1948/4/6 المنظمة الأوروبية للتعاون الاقتصادي Organisation for European Economic Co-operation (OEEC)[2]، التي أصبحت في سنة 1961 منظمة التعاون والإنماء الاقتصادي The Organisation for Economic Co-operation and Development (OECD)[3].

وبعد سنة أُنشئ مجلس أوروبا، وكان هذا المجلس يطمح إلى التعاون في المجالات السياسية والثقافية والاجتماعية. إلا أن رجالاً سياسيين مثل روبير شومان Robert Schuman، وكونراد أديناور Konrad Adenauer، وألسيد دو غاسبيري Alcide De Gasperi كانوا يريدون الذهاب إلى أبعد من ذلك في التكامل، ما أدى إلى توقيع معاهدات في 1951/4/18 أنشأت المجموعة الأوروبية للفحم والصلب The European Coal and Steel Community (ECSC). واستخدمت المجموعة الأوروبية للفحم والصلب، والتي جمعت فرنسا، وجمهورية ألمانيا الاتحادية، وإيطاليا، وهولندا، واللوكسمبورغ، وبلجيكا، كمختبر أول للاندماج الأوروبي. ولكن ذلك كان لا يزال بعيداً عن تشكيل مجموعة سياسية حقيقية. وفي 1957/3/25 وقعت دول غربية معاهدات روما التي أنشأت المجموعة الاقتصادية الأوروبية والمجموعة الأوروبية للطاقة الذرية[4].

وما لا شك فيه أن معاهدة الاتحاد الأوروبي التي تعرف أيضاً باسم اتفاقية أو معاهدة ماسترخت Maastricht Treaty هي الاتفاقية المؤسسة للاتحاد الأوروبي، وأهم تغيير في تاريخه منذ تأسيس المجموعة الأوروبية في نهاية الخمسينات. تم الاتفاق على هذه المعاهدة من قبل المجلس الأوروبي في مدينة ماسترخت الهولندية في كانون الأول/ ديسمبر 1991. وتم توقيعها في 1992/2/7 في ماسترخت، ودخلت حيز التنفيذ في 1993/11/1.

أدخلت معاهدة الاتحاد الأوروبي عدة تغييرات على قوانين المجموعة الأوروبية، التي كانت تشكل نواة الاتحاد الأوروبي. وشكلت أيضاً المعاهدة أساس الدستور الأوروبي، الذي تم الاتفاق عليه لاحقاً في سنة 2004. وحسب البند 47 من المعاهدة، فإن هذا الاتحاد لا يبدل المجموعة الأوروبية، وإنما يكملها. إلى جانب عناصر أخرى، تشكل المجموعات الأوروبية التالية أركان الاتحاد الأوروبي[5]:

• المجموعة الأوروبية.
• سياسة الاتحاد الأوروبي الخارجية والأمنية المشتركة.
• التعاون الأمني والقضائي.

ويضم الاتحاد الأوروبي حالياً 27 دولة تغطي مساحة كبيرة من القارة الأوروبية، بحيث يقارب تعداد سكانها نصف مليار نسمة[6].

2ـ أوروبا والقضية الفلسطينية:

على الرغم من أن تاريخ أوروبا حافل بالمواقف التي أثرت على القضية الفلسطينية منذ سنة 1917، إلا أن هذه المواقف تغيرت وتبدلت، واختلفت في درجة تأثيرها على القضية الفلسطينية، مع مرور الزمن إذا أردنا تقسيم هذه المواقف إلى مؤثرة وأخرى مجرد تصريحات سياسية، فإن أوروبا ومن خلال مواقف منفردة لكل دولة كان لها دور فاعل حتى سنة 1948.

بدأ الانحسار الأوروبي من الوطن العربي مع نهاية الحرب العالمية الثانية التي خرجت منها أوروبا ضعيفة، وتراجع دورها العالمي لمصلحة قوى جديدة. وبدأت أولى مظاهر الانسحاب الأوروبي من الشأن الفلسطيني، حين قررت بريطانيا إنهاء انتدابها ورفعت الأمر للأمم المتحدة لاتخاذ قرار بشأن مستقبل فلسطين سنة 1947، وقررت سحب جنودها سنة 1948[7]. وأخذت أوروبا، وخصوصاً بريطانيا وفرنسا، تتراجع تدريجياً من مسرح الشرق الأوسط، تاركة للولايات المتحدة الأمريكية والاتحاد السوفيتي ملء الفراغ. وكانت السياسة الأوروبية الرسمية والشعور الشعبي، بصورة عامة، من سنة 1948 إلى سنة 1967، يميلان إلى الجانب الإسرائيلي إلى حد كبير[8].

وفي 1971/5/13، تبنى وزراء الخارجية الستة في المجموعة الأوروبية، وثيقة شومان Schuman Document التي تستند إلى قرار الأمم المتحدة 242 الصادر في 1967/11/22، ونقاطه الأساسية هي التالية:

1. انسحاب "إسرائيل" من الأراضي المحتلة في عام 1967.
2. حق اللاجئين العرب في العودة إلى أرضهم أو اختيار التعويض عليهم.
3. إنشاء مناطق منزوعة السلاح على جانبي حدود "إسرائيل".
4. وجود قوات دولية، باستثناء القوى العظمى الأربع، في المناطق المنزوعة السلاح[9].

وفي تشرين الأول/ أكتوبر 1973 قررت البلدان العربية الأعضاء في الأوبك، خفض إنتاجها من النفط بنسبة 5% شهرياً، وفرض حظر صادراتها من النفط إلى الولايات المتحدة وهولندا، وهما البلدان اللذان تم اعتبارهما مفرطين في انحيازهما إلى المواقف الإسرائيلية، عندما وقعت الحرب في 1973/10/6 بين العرب و"إسرائيل". لم يقصد العرب المعاقبة، بقدر لفت النظر إلى ضرورة حل الصراع العربي – الإسرائيلي، وهذا ما ظهر في "الإعلان الموجه إلى أوروبا الغربية"، في الجزائر في 1973/11/28، وفي مداخلة الوزراء العرب الأربعة الذين أوفدتهم قمة الجزائر 26-1973/11/29

لتقديم الملف العربي إلى القمة الأوروبية في كوبنهاغن 10-1973/12/14. وكانت أولوية العرب تكمن في ضمان دعم المجموعة الأوروبية لهم في الصراع العربي — الإسرائيلي، بينما كانت البلدان الأوروبية تريد من الحوار أن يضمن لها تزويداً منتظماً بالنفط و"بأسعار معقولة"[10].

إلا أنه وبعد مرور شهر واحد على حرب تشرين الأول/ أكتوبر 1973 صدر بيان عن المجموعة الأوروبية ذهب أبعد من ذلك، حيث أشار البيان، وللمرة الأولى، لـ"الحقوق المشروعة للفلسطينيين"؛ وتضمن البيان الأوروبي أربعة مبادئ رئيسية:

- عدم جواز اكتساب الأرض بالقوة.
- ضرورة وضع حد للاحتلال الإسرائيلي المستمر منذ سنة 1967.
- احترام سيادة كل دول المنطقة واستقلالها، مع حقها في العيش بسلام ضمن حدود آمنة ومعترف بها.
- تأكيد مبدأ الاعتراف بأن الحقوق المشروعة للشعب الفلسطيني يجب أن تؤخذ في الاعتبار عند أي قرار للتسوية[11].

إن موقف الاتحاد الأوروبي هنا لا يتقاطع تماماً مع التطلعات العربية والفلسطينية، لكنه يشير إلى اعتماد المجموعة الأوروبية سياسة خاصة، مستقلة نوعاً ما عن الولايات المتحدة الأمريكية.

وبعد اعتراف جامعة الدول العربية بمنظمة التحرير الفلسطينية كممثل وحيد للشعب الفلسطيني في قمة الرباط في سنة 1974، طالبت في 1974/11/14 بإشراك منظمة التحرير في الحوار الأوروبي – العربي. وعارضت الدول الأوروبية في البداية ذلك، ولكن تسوية دبلن، التي وقعت في 1975/2/14، أوجدت صيغة مفاوضات بين فريقين لا بين دول، بحيث يتاح لمنظمة التحرير الاندماج في الفريق العربي. غير أن الولايات المتحدة عارضت ذلك الشكل من الحوار المباشر بين العرب والأوروبيين، إذ فرضت ألا تكون على علم بذلك فحسب بل أن تستشار أيضاً[12].

تعد المواقف والإعلانات الأوروبية حول المسألة الفلسطينية والصراع العربي –
الإسرائيلي بين سنتي 1973 و1981 بالعشرات. وأكدت أوروبا بثبات موقفها المتعلق
ببعض المواضيع مثل: تقرير الشعب الفلسطيني لمصيره، والأراضي المحتلة، وعلاقتها
مع منظمة التحرير، و"إسرائيل"، ونظام القدس، والمستوطنات، وكيفيات التفاوض
العربي – الإسرائيلي، بحيث أصبح الصراع العربي – الإسرائيلي الموضوع الرئيسي
للتعاون السياسي الأوروبي. ولكن الممارسة لم تكن مجردة من المصلحة بالنسبة إلى
التعاون السياسي الأوروبي، إذ ظهر أن تماسك مواقف مختلف الدول الأعضاء لم يكن
هو الذي يؤدّي إلى بيانات مشتركة، وإنما على العكس فالبيانات المشتركة هي التي
كانت تعزز تماسك المجموعة[13].

وساءت العلاقات بين "إسرائيل" ومعظم الدول الأوروبية ابتداء من سنة 1973،
وفشلت جميع محاولات الدولة العبرية إغفال المسألة الفلسطينية أو التهرب منها.
وعادت القضية الفلسطينية إلى جدول الأعمال، بالاستقلال عن الصراع العربي
– الإسرائيلي، وسيطرت على أعمال الدورة التاسعة والعشرين للجمعية العامة
للأمم المتحدة في سنة 1974. ودعي ياسر عرفات شخصياً إلى الجمعية العامة في
1974/11/14، وتم التصويت في 1974/11/22 على قرارين تاريخيين: القرار رقم
3236 حول حق الشعب الفلسطيني في تقرير مصيره، والقرار الثاني رقم 3237
حول إعطاء منظمة التحرير الفلسطينية وضع المراقب الدائم في الأمم المتحدة. ولم
تتوصل الدول الأوروبية في المجموعة الاقتصادية الأوروبية، إلى التفاهم حول المعنى
الذي تعطيه الحقوق المشروعة للشعب الفلسطيني الوارد في بيان بروكسل صادر
في 1973/10/6، وصوتت على القرارات في ترتيب مبعثر، إذ أيدت فرنسا وإيرلندا
وإيطاليا دعوة منظمة التحرير إلى المشاركة في أعمال الجمعية العامة؛ غير أن ثماني دول
أوروبية في المجموعة الاقتصادية صوتت ضد القرار المتعلق بوضع منظمة التحرير
كمراقب دائم في الأمم المتحدة، في حين أن فرنسا امتنعت عن التصويت، وصوتت
إسبانيا، التي لم تكن عضواً في هذه المجموعة آنذاك، لصالح القرارين[14].

11

وكان ينبغي الانتظار حتى سنة 1977 لملاحظة تعمق في موقف المجموعة الأوروبية، وقد أثار رؤساء الدول والحكومات في قمة لندن، في 1977/6/29، للمرة الأولى، مفهوم الشعب الفلسطيني وأكدوا قناعتهم بأن حل النزاع في الشرق الأوسط لن يكون ممكناً إلا إذا تجسد في الواقع الحق المشروع للشعب الفلسطيني في إعطاء هويته الوطنية تجسيداً فعلياً، وهو ما يوجب الأخذ بالحسبان ضرورة حصول الشعب الفلسطيني على وطن[15].

وبعد تعثر المسار الفلسطيني حسب اتفاقيات كامب ديفيد Camp David Accords، وتضخم النشاط الاستيطاني الإسرائيلي حدث تقدم جديد للموقف الدبلوماسي الأوروبي، وذلك حين أصدر المجلس الأوروبي المنعقد في مدينة البندقية الايطالية سنة 1980 قراراً نص على ما يلي:

- تجديد الإدانة للاحتلال الإسرائيلي الذي تم سنة 1967.
- الاعتراف الصريح بحق الشعب الفلسطيني في إقامة دولته إلى جانب "دولة إسرائيل".
- الاعتراف بمنظمة التحرير الفلسطينية كممثل شرعي للشعب الفلسطيني، لكن ليس كالممثل الحصري لهذا الأخير[16].

اتسمت الحقبة الممتدة من سنة 1981 إلى سنة 1988 بحزمة وقائع وأحداث أسهمت في بطء الحوار الأوروبي – العربي، وفي تخفيف التحرك الفاعل للمجموعة الاقتصادية الأوروبية في السعي لحل الصراع العربي – الإسرائيلي. وزيادة التركيز للاهتمامات الأوروبية على أوروبا نفسها، وكذلك التوسيع الثالث للمجموعة الأوروبية بدخول إسبانيا والبرتغال سنة 1986. وبرزت في هذه الفترة عودة الهيمنة الأمريكية في عهد رونالد ريغان Ronald Reagan على الموقف الأوروبي عموماً. كما أدى وصول فرنسوا ميتران إلى رئاسة السلطة في فرنسا إلى كبح جماح الحوار الأوروبي – العربي؛ حيث تميز الرئيس الفرنسي المعروف بصداقته مع "إسرائيل". ودعمت فرنسا مسار اتفاقية كامب ديفيد، ورفضت الاعتراف بمنظمة التحرير

الفلسطينية باعتبارها الممثل الشرعي والوحيد للشعب الفلسطيني، وقد قال ذلك كلود سيشون Claude Cheysson وزير الخارجية الفرنسي بلا مواربة لفاروق القدومي الذي التقاه في تموز/ يوليو 1981. إلا أن فرنسا لم ترفض فكرة قيام دولة فلسطينية، حيث عبر عن ذلك الرئيس ميتران خلال خطابه في الكنيست في 1982/7/4 قائلاً: "يفترض الحوار أن يتمكن كل فريق من العمل حتى النهاية من أجل حقه، ما يشكل، بالنسبة إلى الفلسطينيين كما إلى غيرهم، إقامة دولة في الوقت المناسب"[17].

وعندما حدث الاجتياح الإسرائيلي للبنان في 1982/6/6، أدانت المجموعة الأوروبية الاجتياح، وأثارت للمرة الأولى، التهديد بالعقوبات إذا استمرت "إسرائيل" في رفض التقيد بالحلول التي طرحت المجموعة الأوروبية في إعلان بون الذي صدر في 1982/6/9. وعبرت المجموعة الأوروبية عن "الصدمة والاشمئزاز من قتل المدنيين الفلسطينيين في بيروت"، وذلك بعد حدوث مجزرة صبرا وشاتيلا في 16-1982/9/18، وطالبت المجموعة بـ"الانسحاب الفوري للقوات الإسرائيلية من بيروت الغربية"[18].

وأعلنت المجموعة الأوروبية في شباط/ فبراير 1987 تأييدها عقد مؤتمر دولي للسلام في الشرق الأوسط برعاية الأمم المتحدة، وباشتراك جميع الأطراف المعنية، وطالبت بتحسين الأوضاع المعيشية لسكان الأراضي المحتلة"[19].

وبعد اندلاع الانتفاضة الفلسطينية الأولى في 1987/12/8، أكدت المجموعة الأوروبية في 1987/12/9 على ضرورة التفاوض لإيجاد حل الصراع العربي – الإسرائيلي، وأعلنت في حزيران/ يونيو 1988، أن "الوضع الراهن في الأراضي المحتلة لم يعد محتملاً"[20].

كما قامت المجموعة الأوروبية في أيلول/ سبتمبر 1988 بدعوة ياسر عرفات، رئيس اللجنة التنفيذية لمنظمة التحرير، لإجراء مباحثات، وإلقاء خطاب أمام البرلمان الأوروبي في مدينة ستراسبورغ الفرنسية[21].

وبقيت منظمة التحرير غير معترف بها من المجموعة الأوروبية كممثل وحيد وشرعي للشعب الفلسطيني، حتى تاريخ إعلان ياسر عرفات، في 1988/11/15، أمام المجلس الوطني الفلسطيني الـ 19 المجتمع في الجزائر الموافقة على قرار تقسيم فلسطين رقم 181 الصادر سنة 1947 والموافقة على قرارات الأمم المتحدة بما في ذلك قرار 242 الذي يتعامل مع قضية فلسطين كقضية لاجئين، كما تضمن إعلان "إقامة الدولة الفلسطينية على أرضنا الفلسطينية وعاصمتها القدس المقدسة"، حيث ردت المجموعة الأوروبية على هذا الإعلان بإعلان بروكسل في 1988/11/21، جاء فيه إن المجموعة تعلق "أهمية خاصة على القرارات الصادرة عن المجلس الوطني الفلسطيني في الجزائر، التي تعكس إرادة الشعب الفلسطيني في تأكيد هويته الوطنية والتي تتضمن خطوات إيجابية نحو تسوية سلمية للنزاع الإسرائيلي – العربي"[22].

وحفلت الستة أشهر الأولى من سنة 1989 باحتجاجات أوروبية عديدة لدى السلطات الإسرائيلية على سياستها القمعية ضد الانتفاضة الفلسطينية. وبعدما أعلنت الولايات المتحدة فتح حوار له دلالته مع منظمة التحرير، اغتنمت المجموعة الأوروبية مناسبة قمة مدريد لإصدار إعلان طويل في 1989/6/27 يذكر بموقفها التقليدي ويطلق "نداء ملحاً إلى السلطات الإسرائيلية لوضع حد للتدابير القمعية، وتطبيق قرارات مجلس الأمن رقم 605 و607 و608، واحترام أحكام اتفاقية جنيف" وإجراء انتخابات في الأراضي المحتلة. ورأت المجموعة الأوروبية للمرة الأولى، أن منظمة التحرير يجب أن تدعى إلى مسار السلام، وأن تشارك فيه[23].

3. فكرة الشراكة الأورو–متوسطية:

أدركت الدول أوروبا أن أمنها لم يعد مقتصراً على بعده الداخلي، كما لم يعد يقتصر على الحدود الجغرافية بين بلدين أو بلدان متجاورة، بل أصبح مفهوماً يتسع ليشمل مجمل المحيط الـ"جيوسياسية" (الجيوبوليتيك)، ما يعني أن عدم استقرار الدول المجاورة للاتحاد الأوروبي سوف تنعكس آثاره السلبية بشكل واضح ومباشر عليها.

وأدركت كذلك أن مصالحها باتت مختلفة مع المصالح الأمريكية في المنطقة العربية المطلة على البحر المتوسط، وتأكد هذا الاختلاف من خلال التهميش الذي قصدته الولايات المتحدة الأمريكية للدور الأوروبي في مؤتمر مدريد للسلام سنة 1991[24].

ونتيجة للتهميش الأمريكي لدور الاتحاد الأوروبي في العملية السلمية في الشرق الأوسط، بدأ البحث في بروكسل، مقر المفوضية الأوروبية، عن صيغة جديدة للعلاقات بين أوروبا وجنوب المتوسط على ضوء المتغيرات العالمية الحاصلة. واحتل مفهوم المتوسطية مكانة مهمة في الخطاب الأوروبي ومجمل هذه النشاطات. وأصدرت المفوضية الأوروبية دراسة في أيلول/ سبتمبر 1993 بعنوان "العلاقات المستقبلية والتعاون بين الجماعة الأوروبية والشرق الأوسط"؛ هدفت الدراسة إلى بحث الاحتمالات بعيدة المدى في اشتراك مصر، وسورية، ولبنان، والأراضي الفلسطينية المحتلة، والأردن، و"إسرائيل"، في عملية تكامل إقليمي تؤيدها المجموعة الأوروبية، وتهدف إلى دعم التسوية السلمية في المنطقة[25].

وبعدها سلمت المفوضية الأوروبية البرلمان الأوروبي، والمجلس الأوروبي دراسة جديدة "حول تنفيذ التعاون المالي والتقني مع الدول المتوسطية غير الأعضاء، وحول التعاون المالي مع تلك الدول كمجموعة". وفي آذار/ مارس 1995 قدمت المفوضية دراسة أخرى بعنوان "تقوية السياسة المتوسطية للاتحاد الأوروبي: إقامة شراكة أوروبية متوسطية"[26].

وتجسدت فكرة الشراكة الأورو–متوسطية في مشروع متكامل عبّر عنه مؤتمر برشلونة الذي عقد في 1995/11/28[27]، والمكمل.بمؤتمر ملاحق له هو مؤتمر أوروميد Euromed Conference المنعقد في 1995/12/10، حيث شاركت فيه ألف مؤسسة ومنظمة اجتماعية من 38 بلداً، تمثل الاتحاد الأوروبي والدول المطلة على البحر الأبيض المتوسط. أما نتائج المؤتمرين فكانت إقامة شراكة شاملة، من خلال تعزيز الحوار السياسي، وإرسائه على دعائم منتظمة، ومن خلال تطوير التعاون الاقتصادي والمالي،

والتركيز على الأبعاد الاجتماعية والثقافية والإنسانية، وهي الجوانب الثلاثة التي تقوم عليها الشراكة الأوروبية المتوسطية.[28]

وسعى الاتحاد الأوروبي من خلال الشراكة الأورو–متوسطية، إلى دمج "إسرائيل" في محيطها، بحيث تندمج مطمئنة إلى هوية نصف شرق أوسطية ونصف أوروبية. كما تحقق أوروبا، وخصوصاً فرنسا وألمانيا، رغبتها في إضعاف وجود الولايات المتحدة الأمريكية ودورها في الدول المطلة على البحر الأبيض المتوسط، وفي إبقائها بمنأى عن آثارها الاقتصادية والثقافية والعسكرية وبالتالي السياسية.[29]

وتضمن اتفاق الشراكة المقترحة في مؤتمر برشلونة إجراء مفاوضات بين الاتحاد الأوروبي والدول المتوسطية لعقد اتفاقات شراكة أو اتحادات جمركية، حيث جرى توقيع اتفاقية مع "إسرائيل" في 1995/11/20[30]، ومع منظمة التحرير الفلسطينية نيابة عن السلطة الفلسطينية في 1997/2/24[31].

ونتج عن اتفاقية الشراكة الأورو–متوسطية، زيادة الدعم الذي يقدمه الاتحاد الأوروبي للقضية الفلسطينية على الصعيدين الاقتصادي والسياسي، حيث كانت السلطة الفلسطينية أحد أطراف الاتفاقية، وبالتالي أدى ذلك إلى اعتراف الاتحاد بحق الفلسطينيين بأن يكون لهم كيان مستقل، له شرعية التوقيع على الاتفاقيات التي تدعم قضاياهم، وتجعل منهم دولة شرق أوسطية على اتصال بالمنظومة الأوروبية.[32]

إضافة إلى ذلك، تعزّزت تأثيرات دول الاتحاد الأوروبي في عملية السلام، حيث شكل مؤتمر برشلونة دفعاً جديداً لعملية السلام في الشرق الأوسط، وأثبت مؤتمر برشلونة قدرة الاتحاد الأوروبي على جمع أطراف الصراع العربي الإسرائيلي في مؤتمر إقليمي واحد، دون استخدام دبلوماسية القوة التي تكثر من استخدامها الولايات المتحدة الأمريكية.[33]

وعقدت مؤتمرات أخرى للشراكة الأورو–متوسطية في مالطا في 15-1997/4/16، وشتوتغارت في 15-1999/4/16، ومرسيليا في 15-2000/11/16، وبروكسل

في 5-2001/11/6، وفالنسيا في 22-2002/4/23، وكريت في 26-2003/5/27، ونابولي في 2-2003/12/3، ودبلن في 5-2004/5/6، ولاهاي في 29-2004/11/30، وفي لوكسمبورغ في 2005/5/30، والرباط والصخيرات في 19-2005/6/20، وبرشلونة في 27-2005/11/28، وتونس في 25-2006/6/26، وتامبيري الفنلندية في 27-2006/11/28، وفي القاهرة في 2006/11/20 و2007/6/22، وبروكسل في 2007/6/27، وبورتو في 2007/9/15، ولشبونة في 5-2007/11/6، والقاهرة في 26-2008/2/27، وفاس في 2-2008/4/3، وأثينا في 29-2008/5/30، ومرسيليا في 2008/7/2، ونيس الفرنسية في 5-2008/11/6، ومراكش في 9-2008/11/10، وبروكسل في 2009/7/7، وبروكسل في 2009/12/9[34].

إن مخاطر مشروع الأورو—متوسطة على الأمن القومي العربي تبدو جلية، من خلال تعامل الاتحاد الأوروبي مع الدول العربية كل على حدة، وتقطيع أوصال الوطن العربي الواحد، وتكون "إسرائيل" صاحبة الامتياز والقادرة على فرض الشروط التي تتماشى مع سياستها. فالسياسية الأوروبية لا تختلف عن السياسة الأمريكية من حيث النفعية والتحيز لـ"إسرائيل" وازدواجية المعايير. فاستبعاد ليبيا، وهي دولة متاخمة للبحر المتوسط، وضم الأردن وهي دولة غير متوسطية إلى النظام الإقليمي لدليل قاطع على أن تحديات كبيرة تواجه مستقبل الأمن القومي العربي[35].

4. السياسة الخارجية تجاه القضية الفلسطينية ومدى ارتباطها بالسياسة الأمريكية:

شهدت مواقف دول الاتحاد الأوروبي تنوعاً تجاه الصراع العربي – الإسرائيلي، وتمثل هذا التنوع بوجود تيار يتطلع إلى لعب دور أوروبي مباشر وأكثر فاعلية في العملية السلمية، ووجود تيار يرغب بأداء دور أوروبي شرط ألا يزيد سقفه عن أية خطوط حمراء مع الولايات المتحدة الأمريكية، بالإضافة إلى وجود تيار يفضل المراهنة كلياً على الدور الأمريكي، ويكتفي بالدور الداعم للوسيط الأمريكي.

أمام هذه التيارات المختلفة، حول الدور السياسي لدول الاتحاد الأوروبي في عملية السلام، ازدادت القيود المفروضة على التدخل الأوروبي في عملية الصراع العربي – الإسرائيلي، إلى درجة وصل فيه الخلاف إلى المفوضية الأوروبية، حيث اعتبر ليون بريتان Leon Brittan، مفوض التجارة في المفوضية "أن الوقت لم يحن بعد لقيام أوروبا بدور وساطة في عملية السلام في الشرق الأوسط"، الأمر الذي أدى إلى رد فعل قوي من قبل فرنسا على هذا التصريح[36].

يدرك الاتحاد الأوروبي أن تعثر العملية السلمية في الشرق الأوسط يؤثر سلباً في المصالح الأوروبية، وأكدت قمة الاتحاد الأوروبي في فلورنسا، في 1996/6/22، على هذا التأثير[37]. ثم وجد مؤتمر مالطا في نيسان/ أبريل 1997 المتوسطي الأوروبي أن العقبة أمام "إعلان برشلونة"، أو تنفيذ المشروع المتوسطي، هي تعثر مفاوضات التسوية بين العرب و"إسرائيل". هذا ما يفسر إقدام الاتحاد الأوروبي على تمويل صيغة الحكم الذاتي الفلسطيني، والوعد بالمساهمة في تمويل مشاريع السلام العربية – الإسرائيلية، مما دفع عدداً من السياسيين الأوروبيين للبحث عن الثمن السياسي الذي سيحصل عليه الاتحاد الأوروبي من جرّاء هذا الدعم المالي، وألا تبقى السياسية محصورة في الإدارة الأمريكية. وبصورة عامة يمكن ملاحظة اقتراب المواقف الأوروبية من المواقف العربية المتعلقة بالتسوية والمستندة إلى مرجعية مدريد مقارنة بالموقف الأمريكي المؤيد لـ"إسرائيل"[38].

أصبحت الولايات المتحدة الأمريكية عاملاً شديد التأثير في تحديد الموقف الأوروبي من الصراع العربي – الإسرائيلي لسببين: حجم المصالح الاستراتيجية المشتركة بين أوروبا والولايات المتحدة الأمريكية، من ناحية، والعلاقة الخاصة التي تربط الولايات المتحدة بـ"إسرائيل"، من ناحية أخرى. فقد حرص الموقف الأوروبي على التحصن وراء الخطوط التي يرى أن تجاوزها يلحق الضرر بعلاقاته الاستراتيجية مع الولايات المتحدة الأمريكية، وذلك في إطار إدراكه لثلاث حقائق جوهرية في الصراع:

أولها: أن "إسرائيل" باتت أقرب إلى "قضية داخلية" أمريكية، وبالتالي فمن الممكن تفسير المواقف الأوروبية التي تعتبرها "إسرائيل" غير ودية تجاهها وكأنها مواقف موجهة ضد الولايات المتحدة.

ثانيها: أن نفوذ اللوبي الصهيوني على عملية صنع القرار الأمريكي وصل إلى درجة مخيفة تجعل البعض يتصور أحياناً وكأن السياسة الإسرائيلية هي التي تقود السياسة الأمريكية في منطقة الشرق الأوسط.

ثالثها: أن مصالح مشروع اليمين الأمريكي المحافظ للهيمنة على العالم، خاصة بعد أحداث 11 أيلول/ سبتمبر، تكاد تتطابق كلية مع مصالح مشروع اليمين الإسرائيلي للهيمنة على المنطقة، مما يعطي العلاقات الأمريكية – الإسرائيلية زخماً غير مسبوق. ولأن الولايات المتحدة تسعى في المرحلة الراهنة أكثر من أي وقت مضى للانفراد بالهيمنة على العالم، ولأن "إسرائيل" ليست لديها أدنى ثقة في السياسات الأوروبية، فقد برز في هذا السياق، تطابق أمريكي – إسرائيلي كامل لتهميش الدور الأوروبي في منطقة الشرق الأوسط عموماً، وفي الصراع العربي – الإسرائيلي على وجه الخصوص[39].

ثانياً: الإسهامات الأوروبية في عملية التسوية

لعبت دول الاتحاد الأوروبي دوراً داعماً لعملية التسوية السلمية للقضية الفلسطينية، وذلك على الرغم من هيمنة الولايات المتحدة الأمريكية على مسار المفاوضات؛ وطغت المساعدات المالية التي تقدمها دول الاتحاد الأوروبي للسلطة الفلسطينية على دورها السياسي، الذي ظل محدوداً وهامشياً.

ومع انتهاء حرب الخليج الثانية في بداية عقد التسعينيات من القرن العشرين، أعلنت الولايات المتحدة الأمريكية وعدد من الدول الأوروبية عن بدء مشروع كبير يرمي إلى إحلال السلام في منطقة الشرق الأوسط، والبحث عن طرق لحل القضية الفلسطينية، وذلك من خلال مفاوضات ثنائية وجماعية تمهد لإعلان قيام الدولة الفلسطينية، فكانت فكرة عقد مؤتمر جامع للسلام يعقد في إحدى العواصم الأوروبية، ونتيجة لذلك كان مؤتمر مدريد في سنة 1991. ومنذ ذلك التاريخ كان الاتحاد الأوروبي الحاضر الدائم على مسار التسوية السلمية للقضية الفلسطينية، سواء بمشاركته كاتحاد، أو من خلال الدول الأعضاء.

1. الدور الأوروبي في عملية التسوية منذ مؤتمر مدريد حتى نهاية سنة 2009:

على الرغم من أن مشاركة الدول الأوروبية في مؤتمر مدريد لم تكن فعالة، إلا أنها اعتبرت انعقاده في عاصمة أوروبية بمثابة تحول مهم في الدور الذي تطمح بأن تلعبه في عملية السلام في الشرق الأوسط، وتراجعاً عن الموقف الإسرائيلي السابق الرافض أي دور لأوروبا في المنطقة[40]. إذ أعلنت "إسرائيل"، في البداية، رفضها أن ينعقد مؤتمر السلام في عاصمة أوروبية. وقبلت ترشيح مدريد، لأن إسبانيا الاشتراكية قطعت مع سياسة فرانكو العربية، واعترفت بـ"إسرائيل" في سنة 1986[41].

غير أن النظام العالمي الجديد، الذي نتج عن حرب الخليج الثانية، كرس زعامة الولايات المتحدة، وأكد تفتت الاتحاد السوفيتي، وهمش أوروبا كقوة وسيطة كامنة.

ولذلك فقد كان الدور الأوروبي في مؤتمر مدريد دوراً شكلياً، حيث حضرت أوروبا في قاعة المؤتمر كأي وفد آخر مدعو[42]. وأصبحت الولايات المتحدة الراعية لمحادثات التسوية والتوقيع عليها، إذ تم التوقيع على اتفاقات أوسلو Oslo Agreements في واشنطن في 1993/9/12، حيث تراجعت أوروبا إلى المقعد الخلفي في هذه المحادثات، ولم تسهم إلا في المباحثات المتعددة الأطراف من خلال لجان خاصة متعلقة بقضايا اللاجئين والمياه ونزع أسلحة الدمار الشامل، والتي عقدت معظم اجتماعاتها في العواصم الأوروبية[43].

وأكدت المجموعة الأوروبية خلال كلمتها في افتتاح مؤتمر مدريد، التي ألقاها نيابة عن المجموعة هانس فان دان بروك Hans van den Broek، وزير خارجية هولندا، اهتمامها ومشاركتها في إنجاح المفاوضات في مختلف مراحلها. وأكدت المجموعة الأوروبية التزامها بمبدأ "الأرض مقابل السلام"، كما التزمت بنهج المفاوضات المباشرة على أساس القرارين 242 و338 في مسار مزدوج بين الفلسطينيين والإسرائيليين من جهة، وبين العرب و"إسرائيل" من جهة أخرى[44].

كما دعمت المجموعة الأوروبية مسار السلام في الشرق الأوسط، ودعت إلى تلبية الحاجات الأكثر إلحاحاً للفلسطينيين لينجحوا في سيرهم نحو الحكم الذاتي، وأكدت المجموعة على ضرورة أن تجني "إسرائيل" وبلدان المشرق منافع إيجابية وملموسة من سير عملية السلام[45].

واستفادت الدول الأوروبية من توقيع اتفاقات أوسلو في أكثر من مجال، منها قيام الاتحاد الأوروبي بتمويل العملية السلمية، من خلال تقديمه للدعم المالي للسلطة الوطنية الفلسطينية والاقتصاد الفلسطيني، حيث أشار المجلس الأوروبي المجتمع في كورفو اليونانية في تقريره لسنة 1995 إلى أن الاتحاد الأوروبي أصبح أول كتلة ممولة لعملية السلام من خلال دعمها للسلطة الفلسطينية. وعزز الاتحاد الأوروبي علاقات التعاون مع "إسرائيل" لتصل إلى توقيع اتفاقية الشراكة الاقتصادية بينهما. كما ساعد

توقيع اتفاقات أوسلو الاتحاد الأوروبي على إعداد مبادرته المتوسطية، لخلق تكامل اقتصادي بين دول جنوب المتوسط بما فيها "إسرائيل"، حيث كان ذلك متعذراً قبل توقيع اتفاقات أوسلو[46].

بعد مذبحة الحرم الإبراهيمي في الخليل سنة 1994 صوتت الدول الأوروبية الأعضاء في مجلس الأمن الدولي لصالح قرار رقم 904 في آذار/ مارس 1994 الذي اعتبر شرقي القدس أراض فلسطينية محتلة. كما قاطعت الدول الأوروبية في سنة 1995 احتفال "إسرائيل" بذكرى الألفية الثالثة للقدس، وأصدرت بياناً يوضح سبب المقاطعة، حيث رأت في الاحتفال تجاهلاً للمصالح الإسلامية والمسيحية في المدينة، ويسبق تحديد وضع القدس قبل التفاوض[47].

واستمر الدور الأوروبي محدوداً، حتى تاريخ طرح فكرة الشراكة الأورو-متوسطية، التي جاءت بمبادرة أوروبية، وذلك بدافع المصالح التي أملت على أوروبا ضرورة البدء بالحوار من أجل الاستقرار السياسي والأمني؛ ذلك أن السلام في حوض المتوسط لا يمكن فصله عن السلام في الشرق الأوسط[48].

وأعطت الشراكة الأورو-متوسطية دفعة للدور الأوروبي في دعم مسيرة السلام وتقديم الدعم الاقتصادي للسلطة الفلسطينية، ومحاولة ترويض الموقف الإسرائيلي المناهض لأي دور أوروبي، وتمثل ذلك في موافقة "إسرائيل" وللمرة الأولى على تعيين ممثل للاتحاد الأوروبي في الشرق الأوسط، بهدف أوروبي واضح وهو الرغبة الكبيرة "للعب دور مؤثر في السياسات العالمية"، ذات الأهمية للاتحاد، وبخاصة في موضوع العملية السلمية للنزاع العربي الإسرائيلي[49].

في أعقاب وصول بنيامين نتنياهو للحكم في "إسرائيل" سنة 1996، نشطت الدبلوماسية الأوروبية لإنقاذ عملية السلام بعدما شعرت أن المفاوضات السلمية في خطر، وعبر عن ذلك وزير الخارجية البريطاني مالكوم ريفكند Malcolm Rifkind الذي صرح قائلاً: "إنه يجب عدم السماح لعملية السلام في الشرق الأوسط بالفشل.

إن وصول حكومة إسرائيلية جديدة يطرح تحدياً جاداً. إن لغة الحكومة الجديدة قوية: لا اتفاق حول الجولان أو القدس، لا نقاش حول الدولة الفلسطينية، أو توسيع المستوطنات". وأكد أن استمرار الموقف الإسرائيلي على ذلك النحو، يجعل من الصعب جداً العودة إلى المفاوضات[50].

ولكن الاتحاد الأوروبي أكد خلال انعقاد قمته في مدينة فلورنسا الإيطالية في 1996/6/22 على وجوب دعم السلام العادل والدائم، خاصة بما يتعلق "بحق الفلسطينيين بتقرير مصيرهم" ومبدأ "الأرض مقابل السلام، مع كل ما يترتب على ذلك"[51]. وأصبح البيان الصادر عن قمة فلورنسا هو المحطة الرئيسة في انطلاق الدور الأوروبي في عملية السلام في الشرق الأوسط، والمرجعية السياسية التي يستند عليها لاحقاً[52]. وفيما يتعلق بالقضية الفلسطينية أكد البيان على:

أ. أن السلام في الشرق الأوسط هو مصلحة أساسية للإتحاد الأوروبي.

ب. أن عملية السلام هي الطريق الوحيد لأمن "إسرائيل" والفلسطينيين والدول المجاورة، وسلامتهم.

ج. ضرورة احترام الاتفاقيات الموقعة وتنفيذها.

د. أن المفاوضات الناجحة يجب أن تستند على قرارات مجلس الأمن أرقام 242 و338 و425، وعلى مبدأ الأرض مقابل السلام، وحق الفلسطينيين في تقرير مصيرهم.

هـ. أن الإغلاق الذي تفرضه "إسرائيل" على الضفة الغربية وقطاع غزة له نتائج خطيرة على الاقتصاد الفلسطيني[53].

ولقي البيان الأوروبي ترحيباً من الدول العربية، في حين كان رد الفعل الإسرائيلي غاضباً، واتسم الموقف الأمريكي بعدم الارتياح، وذلك خوفاً من أن يؤدي ذلك إلى تعزيز الدور الأوروبي في العملية السلمية، وتحويله إلى شريك، وخاصة بعد أن قام مجلس الوزراء الأوروبي بإصدار بيان في أيلول/ سبتمبر 1996 اتسم بلهجة حازمة

حيث طالب "إسرائيل" بتنفيذ كافة التزاماتها، وأكد على أن شرقي القدس ليست تحت السيادة الإسرائيلية، وتقع ضمن القرار رقم 242، وبالتالي هي جزء من الأراضي المحتلة عام 1967. وأشار البيان إلى استعداد دول الاتحاد الأوروبي للعب دور نشط لاستئناف المفاوضات، يكون منسجماً مع إسهامها الاقتصادي والمالي الرئيس في العملية السلمية[54].

كما شكّل قيام الاتحاد الأوروبي في 1996/10/28 بتعيين ميغيل أنخل موراتينوس Miguel Ángel Moratinos مبعوثاً أوروبياً خاصاً لعملية السلام في الشرق الأوسط، عاملاً جديداً لتعميق الدور الأوروبي في العملية السلمية. وكانت أهم المهام التي حددها الاتحاد الأوروبي لموراتينوس هي العمل مع الأطراف المعنيين كافة لدعم العملية السلام، ومراقبة مفاوضات السلام، والاستعداد لتقديم المشورة، والتوسط إذا طلب الأطراف المعنيون ذلك، والمساهمة عند الطلب في تنفيذ الاتفاقات التي تمّ التوصل إليها بين الأطراف، والتدخل دبلوماسياً مع هذه الأطراف في حال حصول عدم تنفيذ لبنود هذه الاتفاقات، ومراقبة الأفعال التي تؤثر سلباً على نتائج مفاوضات الوضع النهائي[55].

وقام الرئيس الفرنسي جاك شيراك Jacques Chirac في تشرين الأول/ أكتوبر 1996 بجولة في الشرق الأوسط، حدد فيها طموحات فرنسا والاتحاد الأوروبي في المنطقة، حيث ركز في خطاب ألقاه في سورية على ثلاث نقاط هامة هي[56]:

أ. أنه لن يكون هناك سلام من دون انسحاب "إسرائيل" من الأراضي المحتلة بما في ذلك شرقي القدس والجولان.

ب. العمل على إقامة دولة فلسطينية.

ج. على أوروبا أن تطالب بالشراكة في رعاية مسار السلام مع الولايات المتحدة.

وأكد شيراك على هذه النقاط في 1996/10/21 خلال تصرح له في حيفا أمام طلاب جامعة التخنيون Technion-Israel Institute of Technology بقوله: "إن

دولة فلسطينية معترفاً بها تقدم لإسرائيل شريكاً حقيقياً. فهذه الدولة وحدها جديرة باتخاذ التعهدات الضرورية لأمنها والوفاء بها"[57].

رحب الاتحاد الأوروبي باتفاق الخليل الذي تم التوصل إليه في نيسان/ أبريل 1997، على الرغم من الأخطار التي يخفيها هذا الاتفاق، لأنه يتيح لـ"إسرائيل" الاحتفاظ بـ 20% من المدينة لتأمين حماية أربعمائة مستوطن يهودي يعيشون داخلها، وسط 120 ألف فلسطيني، وأرسل الاتحاد الأوروبي وحدة مراقبين غير مسلحين للمدينة لمراقبة سير الانسحاب الإسرائيلي[58].

وفي 1997/2/24 تمّ التوقيع على اتفاق المشاركة الإنابية بين منظمة التحرير الفلسطينية والمجموعة الأوروبية في بروكسل، للعمل لصالح السلطة الفلسطينية. ودخلت الاتفاقية حيز التنفيذ في أول تموز/ يوليو 1997. ويحوي مضمون الاتفاق 69 مادة وتنص على تحرير المبادلات، وإقامة منطقة تبادل حرة بعد فترة انتقالية يجب ألا تتجاوز 2001/12/31. وبمقتضى المادة 49 المتعلقة بالتعاون الإقليمي "يتعهد الفريقان بدعم مسار السلام في الشرق الأوسط، لقناعتهما بأن السلام يجب أن يتعزز عبر التعاون الإقليمي"[59].

دعا المجلس الأوروبي الذي عقد في لوكسمبورج في 12-1997/12/13 إلى تجنب أي عمل أحادي الجانب بقضايا الاستيطان والقدس، وذكّر المجلس الأوروبي الجانبين الفلسطيني والإسرائيلي بعزم الاتحاد الأوروبي على:

> مكافحة الإرهاب أينما كان، وأياً كانت الدوافع، ويشدد في هذا السياق أيضاً على أهمية التعاون بين الإسرائيليين والفلسطينيين في مادة الأمن. ويجب أن يكون هذا التعاون معززاً مع وجوب تجنب قطعه بأي ثمن. وذكر أيضاً باقتراح الاتحاد الأوروبي إنشاء لجنة أمن دائمة، ما يتيح إضفاء الصفة المؤسسية على التعاون في مادة الأمن، وكذلك ببرنامجه لمساعدة السلطة الفلسطينية في مكافحة الإرهاب[60].

ولتحقيق هذا الهدف وقع الاتحاد الأوروبي والسلطة الفلسطينية في 1998/4/20 على اتفاقية للتعاون الأمني المشترك بين الطرفين، فشكلت لجنة أمنية لهذا الغرض، تتكون من المستشار الأمني للمبعوث الأوروبي الخاص بعملية السلام، ورئيس الأمن الوقائي في الضفة الغربية وقطاع غزة، وتجتمع بشكل دوري، وفي الحالات الطارئة بناء على طلب أحد الطرفين[61].

ونتيجة للضغوط الكبيرة من البلدان الأوروبية والعربية عملت الولايات المتحدة الأمريكية على تحريك مسار المفاوضات الفلسطينية الإسرائيلية، من خلال المفاوضات التي عقدتها في واي ريفر بلانتيشن Wye River Plantation خلال الفترة الممتدة ما بين 15-1998/10/23. غير أن مضمون مذكرة واي رفر Wye River Memorandum، الصادرة عن محادثات واي بلانتايشن، والتي وقعها ياسر عرفات، رئيس السلطة الفلسطينية، وبنيامين نتنياهو، رئيس الوزراء الإسرائيلي، في 1998/10/23 كان واضحاً فيها غياب ذكر دور الاتحاد الأوروبي في المفاوضات، إذ لم يؤت على ذكرها مرة واحدة في نص المذكرة، في حين أن ذكر الولايات المتحدة الأمريكية ورد أربع عشرة مرة[62].

غير أن الرئيس عرفات حرص منذ 1998/10/24، أي بعد يوم من توقيع اتفاق واي ريفر، على أن يقدم عرضاً كاملاً ومفصلاً لمفاوضات واي بلانتيشن إلى رؤساء الدول والحكومات الأوروبية المجتمعين في مدينة بورتسشاش النمساوية[63].

وفي اجتماع للمجلس الأوروبي في برلين في 24-1999/3/26 أكدت دول الاتحاد الأوروبي اقتناعها بأن إنشاء دولة فلسطينية ذات سيادة، وديموقراطية، ومسالمة، وقادرة على البقاء "هو أفضل ضمان لأمن إسرائيل، ولقبول إسرائيل كشريك في المنطقة على قدم المساواة"[64]. وأكد المجلس الأوروبي على "الحق الدائم ومن دون تقييد للفلسطينيين في تقرير مصيرهم"[65].

وعند زيارة أريل شارون Ariel Sharon المسجد الأقصى، واندلاع الانتفاضة الفلسطينية الثانية في 2000/9/28 أصدر الاتحاد الأوروبي بيانين في 1و2000/10/2،

أكد في البيان الأول على "أن هذه الأحداث تظهر كم يمكن أن يؤدي الاستفزاز في ظروف متوترة إلى نتائج مأساوية"، وأعرب عن قلقه من تواصل الأعمال الدامية، وطالب طرفي النزاع بالعودة إلى طاولة المفاوضات. وفي البيان الثاني دعم الاتحاد تشكيل لجنة دولية للتحقيق في الأحداث الجارية. وأدانت أوروبا سلوك شارون الاستفزازي، ولكنها لم تدن الاعتداءات الإسرائيلية على الشعب الفلسطيني الأعزل، و لم تتجرأ على وصف هذه الاعتداءات بأنها عقاب جماعي، وانتهاك للقانون الدولي. وأصدرت الرئاسة الأوروبية في 2000/10/13 بياناً أعلنت فيه "عن الحزن الشديد إزاء العنف المستمر"[66].

وقدم المبعوث الأوروبي للسلام ميجيل انخل موراتينوس وطاقمه وثيقة غير رسمية لحل الصراع بين الفلسطينيين والإسرائيليين، بعد تشاور الممثلين الفلسطينيين والإسرائيليين الذين تواجدوا في طابا في كانون الثاني/ يناير 2001. وكانت هذه الوثيقة انعكاساً لخريطة اقترحها الإسرائيليون في بداية محادثات كامب ديفيد، والتي دعت إلى إقامة دولة فلسطينية على 87% من الضفة الغربية، في حين ترى الخطة التي قدمها موراتينوس الدولة الفلسطينية على 83% من أراضي الضفة الغربية، وتكون حدود الدولة الفلسطينية وفق "قرار مجلس الأمن 242"[67].

وبعد فوز شارون في الانتخابات الإسرائيلية التي جرت في شباط/ فبراير 2001، وبعدما جمدت الإدارة الأمريكية أي دور للوساطة بين الفلسطينيين والإسرائيليين بعد وصول جورج بوش الابن George W. Bush للرئاسة، توجه العديد من المسؤولين في الاتحاد الأوروبي إلى الشرق الأوسط لمناقشة سبل تهدئة الصراع الدائر بين الفلسطينيين والإسرائيليين. ففي آذار/ مارس 2001 توجه وفد أوروبي رفيع المستوى، ضم المبعوث الأوروبي الخاص للسلام في الشرق الأوسط ميغيل أنخل موراتينوس، ومفوض العلاقات الخارجية للاتحاد الأوروبي كريس باتن Chris Patten، ووزيرة خارجية السويد آنا ليند Anna Lindh، التي كانت بلادها تترأس الاتحاد الأوروبي، فالتقى الوفد شارون والرئيس عرفات، وصرح

27

بأن "الاتحاد سوف يبذل ما في قدرته لدفع عملية السلام إلى الأمام"، وطالب "إسرائيل" بتحويل أموال الضرائب المستحقة للسلطة الوطنية الفلسطينية[68].

وعقب الهجوم الشامل الذي شنته قوات الاحتلال الإسرائيلي على الضفة الغربية في نهاية آذار/ مارس 2002، وإعادة احتلالها للضفة الغربية، وحصارها للرئيس عرفات في مقر إقامته في مبنى المقاطعة في رام الله، استدعت إسبانيا التي كانت تتولى رئاسة الاتحاد الأوروبي سفير "إسرائيل" في مدريد، وطالبت بانسحاب "إسرائيل" من المدن الفلسطينية ورفع الحصار عن الرئيس عرفات. وأعلن خافيير سولانا Javier Solana الممثل الأعلى للسياسة الخارجية في الاتحاد الأوروبي أن الاتحاد طالب "إسرائيل" بالالتزام بأسرع وقت ممكن بقرار مجلس الأمن رقم 1402، والذي يدعو "إسرائيل" للانسحاب من الأراضي التي أعادت احتلالها، وأضاف سولانا قائلاً: "لا يسعنا الخلط بين محاربة الإرهاب وتدمير السلطة الفلسطينية. حل الصراع لن يكون حلاً عسكرياً"[69].

وفي 2002/7/27 وقع سري نسيبة، مسؤول ملف القدس في منظمة التحرير الفلسطينية ورئيس جامعة القدس الفلسطينية، مع عامي أيالون Ami Ayalon، الرئيس السابق لجهاز الشاباك والقيادي في حزب العمل، خطة أيالون – نسيبة Nusseibeh - Ayalon Plan، والتي نصت على اعتبار الدولة الفلسطينية هي مأوى اللاجئين والشتات الفلسطيني، وعلى تشكيل الصندوق الدولي، وعلى منح التعويض لتحسين وضع اللاجئين الساعين إلى البقاء في الدولة التي يعيشون فيها، أو الساعين إلى الهجرة إلى دولة ثالثة[70]. ورعى توقيع الوثيقة خافيير سولانا ممثلاً الاتحاد الأوروبي، وموراتينوس، وجورج باباندريو George Papandreou وزير خارجية اليونان. وعلق موراتينوس على الخطة قائلاً:

إن موضوع حق العودة للفلسطينيين لم يعد مدرجاً على جدول الأعمال ولم يعد جزءاً من النقاش العام. وإن هناك تفهماً أن حق العودة يشكل تهديداً

للطابع اليهودي لدولة إسرائيل. وأنها معركة انتصرت فيها إسرائيل. وكان مؤتمر قمة بيروت العربية بمثابة دليل على ذلك إذ تبنت الدول العربية الأفكار السعودية وقالت إن الحل يجب أن يكون مقبولاً من إسرائيل[71].

وخلال قمة أوروبية عُقدت في مدينة بروكسل البلجيكية دعت الدول الأوروبية في بيان صدر عنها في 2003/3/21 كلاً من "إسرائيل" والفلسطينيين إلى التحلي بـ"أكبر قدر من الاعتدال"، حيث ازدادت ضرورة التوصل إلى حل في الشرق الأوسط إلحاحاً مع اندلاع حرب العراق، بحسب ما جاء في نص مشروع البيان الختامي. ورأت الدول أن الوقت حان لـ"التفاوض والتسوية" وليس لـ"دوامة الحقد والمواجهة والعنف". ورأت أن خريطة الطريق ينبغي "إعلانها وتطبيقها على الفور، مع وجوب إحراز تقدم في موازاة ذلك في مجال الأمن وعلى الصعيدين السياسي والاقتصادي". كما رحب رؤساء دول وحكومات الاتحاد الأوروبي بتعيين محمود عباس رئيساً للوزراء في السلطة الفلسطينية، معتبرين أن تعيينه يشكل "مرحلة أساسية أولية"، و"ستعطي عملية السلام دفعاً كبيراً"[72].

كما عارض الاتحاد الأوروبي بناء جدار الفصل العنصري في الضفة الغربية، وانتقده في أكثر من مناسبة، ووافقت بعض دوله على إدانة "إسرائيل" على خلفية بنائها للجدار، حيث صوتت فرنسا وإسبانيا في مجلس الأمن لصالح قرار يدين "إسرائيل" لبنائها الجدار ويدعوها إلى وقف "بنائه وإلغاء قرار البناء"، في حين امتنعت عن التصويت ألمانيا وبريطانيا[73]. ورأى الاتحاد أن بناء الجدار يقوض جهود إحلال السلام الدولية في المنطقة، ويجعل من المستحيل عملياً التوصل إلى حل للأزمة بإقامة دولتين مستقلتين[74].

وبعد سقوط مشروع القرار بالفيتو الأمريكي طرح الاتحاد الأوروبي مشروعاً بديلاً على الجمعية العامة يقتصر على دعوة "إسرائيل" إلى وقف بناء الجدار، وصوت الاتحاد لصالح القرار بطبيعة الحال، وحظي هذا القرار غير الملزم بموافقة 144 دولة، وبامتناع 12 دولة عن التصويت، وعارضته أمريكا و"إسرائيل"[75].

لكن الاتحاد الأوروبي امتنع عن التصويت لصالح قرار يحيل مسألة الجدار إلى محكمة العدل الدولية، ورأى وزير الخارجية البريطاني جاك سترو Jack Straw أن "الجدار غير شرعي"، ولكنه اعتبر أن من غير المناسب طرح هذا الملف أمام محكمة العدل الدولية بما أن الإسرائيليين يرفضون الاعتراف بهذه الهيئة". وإلى مثل هذا الرأي ذهب كل من وزير الخارجية الفرنسي دومينيك دو فيلبان Dominique De Villepin ووزيرة الخارجية الإسبانية آنا بالاثيو Ana Palacio[76].

وأيد الاتحاد قرار محكمة العدل الدولية سنة 2004 القاضي بعدم شرعية جدار الفصل العنصري، واعتبرت المفوضية الأوروبية أن المحكمة أيدت وجهة نظر الاتحاد الأوروبي بأن الجدار غير شرعي، وحثت الإسرائيليين على إزالته[77].

كما أيد الاتحاد الأوروبي خطوات "إسرائيل" أحادية الجانب للانسحاب من غزة، وأعلن خافير سولانا أثناء زيارته لـ"إسرائيل" في 2005/7/12 عن سعي الاتحاد لتشجيع "إسرائيل" على إتمام خطتها على المستوى الاقتصادي والسياسي والأمني، معتبراً ذلك خطوة مهمة على طريق قيام الدولة الفلسطينية، وإذا "ما تحققت جنت أوروبا من ورائها استقراراً في الشرق الأوسط مطلوباً أمنياً واستراتيجياً"[78]. وقال سولانا في مقالة له في 2005/8/20 عن الخطة الإسرائيلية: "تعتبر عملية الانفصال تحدياً كبيراً ولكنها أيضاً فرصة مهمة، وفي حال نجاحها، سيتم إعادة إحياء عملية السلام المعلقة بما يمكن من العودة إلى المسار التفاوضي وتنفيذ خريطة الطريق"[79].

كما دعا مارك أوت Marc Otte، الموفد الخاص للاتحاد الأوروبي لعملية السلام في الشرق الأوسط الاتحاد الأوروبي، إلى تنفيذ انسحابات أخرى من الضفة الغربية، شريطة أن يتم ذلك من خلال مفاوضات فلسطينية – إسرائيلية وليس كإجراء منفرد[80].

وفي 2005/3/1 عقد مؤتمر في لندن لتفعيل عملية السلام بحضور الأمين العام للأمم المتحدة كوفي عنان Kofi Annan ووزيرة الخارجية الأمريكية كوندوليزا رايس Condoleezza Rice، ووزراء خارجية أكثر من عشرين دولة. وقال توني بلير

Tony Blair، رئيس الوزراء البريطاني، في كلمته الافتتاحية: "نحن هنا جميعنا من أجل هدف واحد، هو السعي والعمل على تحقيق رؤية الحل القائمة على دولتين في الشرق الأوسط... دولة إسرائيلية آمنة، ودولة فلسطينية مستقلة، وقابلة للاستمرار... لكن تحقيق أمن إسرائيل يتطلب التزاماً فلسطينياً لوقف عمل المجموعات المسلحة من طريق تعزيز الأجهزة الأمنية"[81]. كما ركز البيان الختامي على المطالبة بإصلاح السلطة الفلسطينية، والتأكيد على وقف الهجمات الفلسطينية، وجمع سلاح الفصائل الفلسطينية، مع التمسُّك بمواصلة الدعم الاقتصادي للسلطة الفلسطينية[82].

في تشرين الثاني/ نوفمبر 2006 أعلنت فرنسا وإيطاليا وإسبانيا مبادرة للسلام تدعو إلى وقف إطلاق النار فوراً بين الطرفين الإسرائيلي والفلسطيني، وتبادل الأسرى، وإرسال بعثة دولية إلى قطاع غزة، وإلى "تشكيل حكومة فلسطينية تحظى باعتراف دولي"[83].

كما أبدت الدول الأوروبية تردداً في قبول الموافقة على خطة "إسرائيل" بترسيم الحدود الدائمة بين الفلسطينيين و"إسرائيل" من جانب واحد، وقال سفير الاتحاد الأوروبي لدى "إسرائيل" راميرو سيبريان–أوزال Ramiro Cibrian-Uzal "طالما أن الاتحاد لا يعرف تفاصيل الخطة سيكون من الصعب إبداء الموافقة عليها"[84].

وأعلنت المستشارة الألمانية أنجيلا ميركل Angela Merkel قبيل تسلم بلادها رئاسة الاتحاد الأوروبي مع بداية سنة 2007 أنها ستطرح مبادرات أوروبية لحل الصراع في الشرق الأوسط، بحيث تراعي مصالح "إسرائيل"، وأنها ستشاور "إسرائيل" قبل اتخاذ أي قرار يخص الصراع العربي الإسرائيلي، مع تأكيدها على حرص بلادها الشديد على أمن "إسرائيل"[85].

ومع بداية سنة 2007 دعا وزير الخارجية الإسباني ميغيل آنخل موراتينوس إلى عقد مؤتمر دولي للسلام في النصف الأول من سنة 2007 وضم الدول العربية لمجموعة اللجنة الرباعية[86]. وحدد الاتحاد الأوروبي في بيان له في 2007/1/22 إطار التسوية

على أنه "إنهاء الاحتلال الإسرائيلي الذي بدأ في عام 1967 وإقامة دولة فلسطينية مستقلة وديموقراطية قابلة للحياة تعيش جنباً إلى جنب مع إسرائيل، وباقي الدول المجاورة لها في أمن وسلام"[87].

كما رسم الاتحاد الأوروبي ملامح توجهاته الاستراتيجية تجاه التسوية في بيان أصدره في 2007/11/25 أي قبيل انعقاد مؤتمر أنابوليس الدولي للسلام Annapolis Peace Conference، تحت اسم "بناء دولة للسلام في الشرق الأوسط: استراتيجية عمل الاتحاد الأوروبي" (State building for peace: an EU Action Strategy)[88]، وحدد الأسس التي يقوم عليها السلام وهي: الأرض مقابل السلام، وقرارات مجلس الأمن الدولي ذات الصلة، والمبادرة العربية، وخريطة الطريق، والاتفاقات السابقة بين الفلسطينيين و"إسرائيل". وتدعو استراتيجية الاتحاد إلى قيام اللجنة الرباعية وبمساندة من المجتمع الدولي برعاية عملية السلام[89].

ودعت الخطة الاستراتيجية الأوروبية إلى "استمرار التعاون مع الشركاء العرب، والتعهد بالمساعدة طبقاً لنتائج أنابوليس، وإنشاء قوة أمنية عصرية وديموقراطية في الدولة الفلسطينية بالتعاون الكامل مع المنسق الأمني الأمريكي، كما سيضع الاتحاد برامجه ونشاطاته بشكل يساهم في وحدة وتواصل الدولة الفلسطينية بين الضفة وقطاع غزة، والعمل على إيجاد حل لقضية القدس وحل عادل لقضية اللاجئين"[90].

وبعد انعقاد مؤتمر أنابوليس، وصف سولانا نتائجه بأنها "انجاز باهر"، وقال إن الخطة الاستراتيجية التي تبناها الاتحاد هي "لجعل دور الاتحاد خلاقاً أكثر، وايجابياً أكثر، وطموحاً أكثر"[91].

وأكد وزير خارجية سلوفينيا ديمتري روبل Dimitrij Rupel، ممثل رئاسة الاتحاد الأوروبي، في بيان وزعه على دول الاتحاد في 2008/1/11، أن ملف السلام في الشرق الأوسط سيكون على قمة أولويات الأجندة السياسية خلال فترة تولي سلوفينيا رئاسة الاتحاد. مضيفاً أن بلاده ستسعى إلى تحقيق التوصيات التي وردت في مؤتمر أنابوليس للسلام[92].

وفي خطاب لممثلة سلوفينيا الدائمة لدى الأمم المتحدة سانيا ستيغليتش Sanja
Štiglic، التي تتولى بلادها رئاسة الاتحاد الأوروبي، ألقته في مجلس الأمن في
2008/3/25؛ أعربت عن قلق الاتحاد الأوروبي من توسيع "إسرائيل" لمستوطناتها،
وأكدت على الموقف الأوروبي من أن "المستوطنات في الأراضي المحتلة بما فيها
القدس الشرقية هي غير قانونية، طبقاً للقانون الدولي"، ورأت أن الاستيطان عقبة
رئيسية أمام تحقيق السلام[93].

زار وفد برلماني أوروبي قطاع غزة في 2008/11/3، والتقى أحمد بحر، رئيس
المجلس التشريعي الفلسطيني بالإنابة، وناشد رئيس الوفد كارياكوس تريانتافيليديس
Kyriakos Triantafyllides المجتمع الدولي بالضغط على "إسرائيل" للإفراج عن
كافة المعتقلين الفلسطينيين، وأشار إلى أن زيارة الوفد لغزة ستعزز من العلاقة بين البرلمان
والمجلس التشريعي الفلسطيني. ووجه دعوة رسمية لبحر لزيارة البرلمان الأوروبي،
في شهر آذار/ مارس 2009[94]. وعن أعضاء التشريعي الفلسطيني الذين ينتمون لحركة
حماس أكد تريانتافيليدس أنه "لا يهمنا من هم ما داموا أعضاء في المجلس التشريعي.
نحن لا نسأل إن كانوا أعضاء في حماس أو أعضاء في فتح"[95].

واتخذ الاتحاد الأوروبي في 2008/12/8 قراراً بتعزيز علاقاته مع "إسرائيل"،
مشدداً على ضرورة أن يتم ذلك في موازاة تعزيز الحوار بين الدولة العبرية من جهة
والفلسطينيين والدول العربية من جهة أخرى، بغية عدم التأثير سلباً على "التوازن"
في عملية السلام. وأكد وزير الخارجية الفرنسي برنار كوشنير أن "تعزيز العلاقات مع
فلسطين سيأتي تالياً، إلا أن الأمر صعب بعض الشيء مع الفلسطينيين، إذ إن الأمر أكثر
تعقيداً في ظلّ عدم وجود دولة"[96].

كما أعلن خافيير سولانا في 2009/1/29 الدعم الأوروبي للمبادرة العربية للسلام،
قائلاً إن "الحل الأفضل للصراع في المنطقة إقامة دولتين (إسرائيلية وفلسطينية) ضمن
سياق المبادرة العربية للسلام، وهو ما يدعمه الاتحاد الأوروبي". وقال: "آمل أن

نتمكن في فترة قصيرة أن نعود إلى العملية السياسية لإنهاء الصراع وتحقيق السلام، هو حلم أهالي المنطقة والشعوب الأوروبية"[97]. وطالب سولانا "إسرائيل" الالتزام بتفاهمات "أنابوليس"، وخريطة الطريق، ومبادرة السلام العربية[98].

ودعا سولانا مجلس الأمن إلى الاعتراف بالدولة الفلسطينية قائلاً: "بعد موعد نهائي مُحدد سلفاً يجب أن يعلن قرار لمجلس الأمن التابع للأمم المتحدة تبنيه لحل إقامة الدولتين". وأضاف أن هذا القرار يجب أن يتضمن ترسيم الحدود، وقضية اللاجئين، والسيادة على مدينة القدس، والترتيبات الأمنية[99]. وفي مبرراته لتفسير هذا الطرح قال سولانا: إن "هناك دافعين هما العولمة والديموغرافيا"، وأكد على ضرورة أن تضع "إسرائيل بعض بيضها في السلة الأوروبية" ولا تترك كل شيء في السلة الأمريكية[100].

غير أن الناطق باسم الخارجية الفرنسية برنار فاليرو Bernard Valero حذر من إعلان دولة فلسطينية من جانب واحد قائلاً: "إن خطوة أحادية الجانب قد تكون مضرة لقيام تلك الدولة التي نتطلع إليها كثيراً"[101].

كما أكد الاتحاد الأوروبي على ضرورة وقف "كل أنشطة الاستيطان" في الضفة الغربية والقدس، وأصدر الاتحاد في حزيران/ يونيو، وأيلول/ سبتمبر 2009 بيانين أبدى فيهما "قلقه من استمرار الاستيطان وهدم وإخلاء المنازل بما في ذلك القدس الشرقية"[102].

وفيما يتعلق بمدينة القدس، اتهم تقرير سري للاتحاد الأوروبي "إسرائيل" باستخدام وسائل، كتوسيع المستوطنات، وهدم المنازل، وسياسات الإسكان التمييزية، والجدار العازل في الضفة الغربية، كأداة في سعيها الحثيث "لتنفيذ خطة الضم غير القانوني للقدس الشرقية"[103].

وفي اجتماع لوزراء خارجية الاتحاد الأوروبي عُقد في بروكسل، ظهر تباين في مواقف دول الاتحاد تجاه وضع مدينة القدس، حيث برزت خلافات رافقت المناقشات الخاصة بالورقة السويدية خلال اجتماعات وزراء خارجية الاتحاد في 2009/12/8،

فبعد أن كانت الورقة السويدية تنص على أن شرقي القدس عاصمة لدولة فلسطين، نصّ بيان وزراء الخارجية على أنهم "يعبرون عن قلقهم تجاه الوضع في القدس الشرقية... ويطالبون كافة الأطراف التوقف عن أية ممارسات استفزازية، ويجب أن تؤدي المفاوضات إلى حلّ وضع القدس على أساس أنها عاصمة للدولتين"[104].

2. الدعم الاقتصادي الأوروبي للفلسطينيين بعد اتفاقات أوسلو:

افتقدت السلطة الفلسطينية منذ قيامها للموارد الأساسية، وبدا واضحاً أنها ستعتمد في معظم حاجاته الأساسية على مواردها من "إسرائيل"، كما ستعتمد في تغطية نفقاتها على المساعدات المالية، التي تقدمها الدول المانحة الداعمة لعملية السلام، إضافة إلى الاقتطاعات الضريبية، التي تجبيها "إسرائيل"، عن السلع الداخلة لمناطق السلطة[105].

وكان الاتحاد الأوروبي أبرز المانحين للسلطة الفلسطينية منذ قيامها. وأشار الممثل الأعلى للسياسة الخارجية في الاتحاد الأوروبي خافيير سولانا، في مقال له، إلى أنه ومنذ التوقيع على اتفاقات أوسلو دخل الاتحاد الأوروبي "في شراكة مع الفلسطينيين من أجل بناء مؤسسات دولتهم، وتم صوغ المساعدة المالية والتقنية الى حد كبير وفق تصورنا لهذا الهدف"[106].

وبينت دراسة أعدها مركز تطوير المؤسسات الأهلية الفلسطينية بالتعاون مع معهد أبحاث السياسات الاقتصادية "ماس"، أن أوروبا سواء كانت مجموعة أم دولة فردية، هي أكبر جهة مانحة للسلطة الفلسطينية، ولقطاع المنظمات الفلسطينية غير الحكومية، إذ توفر 70% من مجموع التمويل المخصص لهذه المنظمات. وأظهرت الدراسة، والتي أعدها الباحثان جوزيف ديفوير Joseph DeVoir وعلاء الترتير، أن المساعدات الخارجية للضفة والقطاع زادت أكثر من 600% بين سنتي 1999 و2008، ووصلت قيمتها 3.25 مليار دولار[107].

وجاء في الدراسة أن الدعم الذي يقدمه الاتحاد الأوروبي مع الدول الأعضاء في الاتحاد يشكل ما يقارب 54% من التمويل المقدم من أكبر عشرين جهة مانحة منذ توقيع اتفاقات أوسلو [108].

جدول: أكبر عشرين جهة من الجهات المانحة للضفة الغربية وقطاع غزة حسب الالتزامات والمدفوعات (1994–2008) (بالدولار الأمريكي)[109]

مدى التزام كل دولة بتعهداتها	إجمالي المدفوعات	إجمالي التعهدات	الدولة
87%	3,230,002,683	3,719,401,847	المفوضية الأوروبية
88%	1,061,958,817	1,203,982,588	الولايات المتحدة الأمريكية
97%	804,228,880	827,755,843	السعودية
92%	714,084,293	777,238,751	اليابان
77%	537,018,778	693,259,350	المملكة المتحدة
79%	469,647,898	596,145,732	السويد
92%	460,583,842	500,243,210	النرويج
50%	400,632,219	808,501,952	ألمانيا
99%	368,422,339	370,994,808	الإمارات العربية المتحدة
100%	300,004,624	300,004,624	الجزائر
72%	296,412,676	409,204,441	فرنسا
99%	262,563,216	264,136,825	كندا
100%	239,274,673	239,274,673	الكويت
82%	236,721,432	286,973,587	إيطاليا
90%	227,146,006	252,553,120	إسبانيا
77%	220,424,931	286,560,467	البنك الدولي
88%	251,613,985	245,695,649	هولندا
100%	149,563,561	149,563,561	قطر
90%	116,244,385	128,663,334	سويسرا
80%	99,417,066	123,072,884	البنك الإسلامي للتنمية

ملاحظة: النسب مقربة إلى أقرب رقم صحيح.

وبلغ الدعم الخارجي للسلطة الفلسطينية لسنة 2009 حوالي 1,401.7 مليون دولار، أسهمت الآلية الفلسطينية الأوروبية لدعم وإدارة المساعدات الاجتماعية والاقتصادية. بمبلغ 433.2 مليون دولار[110].

3. التمثيل الأوروبي في اللجنة الرباعية:

تدرك الدول الأوروبية الكبرى في الاتحاد الأوروبي، الدول المحركة للسياسة الخارجية للاتحاد كفرنسا، وبريطانيا، وألمانيا، وإيطاليا وإسبانيا، مركزية اهتمام العالم العربي بالقضية الفلسطينية، ومدى التعاطف العربي الشعبي مع القضية الفلسطينية، ونقمته على "إسرائيل" كدولة معتدية. لذلك حرصت دول الاتحاد الأوروبي على أن لا يكون موقفها الداعم لـ"إسرائيل" استفزازياً للعرب، وعملت على إرضاء طرفي الصراع، ففي خضم التحضير لغزو العراق، تم تشكيل اللجنة الرباعية Quartet في أواخر سنة 2001، ووضع خطة خريطة الطريق Road Map لإرضاء العرب، وإقراراً من الاتحاد الأوروبي بالمصالح الاستراتيجية للولايات المتحدة في الشرق الأوسط، حيث إن الاتحاد لا يطرح نفسه منافساً، بل يرى دوره مكملاً لدور الولايات المتحدة[111].

تم تعريف اللجنة الرباعية على صفحة موقع وزارة الخارجية البريطانية الالكتروني، كالآتي:

اللجنة الرباعية هي عبارة عن تجميع غير رسمي مؤلف من الولايات المتحدة والاتحاد الأوروبي والأمم المتحدة وروسيا، وبرز للوجود أواخر سنة 2001. كان الهدف المبدئي لهذه اللجنة مساعدة الإسرائيليين والفلسطينيين على تطبيق توصيات ميتشل وخطة عمل تينت، وأملها بذلك وضع نهاية للعنف المصاحب للانتفاضة واستئناف عملية السلام[112].

وفي 2005/4/14، عُين جيمس ولفنسون James Wolfensohn ممثلاً خاصاً للجنة الرباعية الدولية للمساعدة في الانسحاب الإسرائيلي من قطاع غزة، بعدما أنهى مهمته كرئيس للبنك الدولي[113]. وفي 2007/6/27، تم تعيين رئيس الوزراء البريطاني السابق توني بلير مبعوثاً خاصاً للشرق الأوسط في اللجنة الرباعية[114].

خلال سنة 2002 أعدت اللجنة الرباعية خطة خريطة الطريق، حيث هيأت هجمات 2001/9/11، التي تعرضت لها مدينتا نيويورك وواشنطن، المناخ السياسي الملائم لميلاد هذه الخطة، إذ دفعت هذه الظروف الإدارة الأمريكية إلى إنشاء تحالف دولي سخرته لشن حروب على ما يسمى بالإرهاب في العالم. واستغل ذلك رئيس الوزراء الإسرائيلي أريل شارون لشن حرب على الشعب الفلسطيني بنفس الذريعة. إلا أن القسوة التي تعاملت بها الآلة العسكرية الإسرائيلية مع الفلسطينيين أثارت استنكاراً عالمياً واسعاً قاد إلى إطلاق مبادرات أوروبية لإنهاء الأزمة في الشرق الأوسط[115].

وفي إطار سعيها لإبقاء سيطرتها الكاملة على المنطقة جاء خطاب الرئيس الأمريكي جورج بوش في 2002/6/24، والذي أطلق فيها، ولأول مرة، شعار "دولة فلسطينية إلى جانب دولة إسرائيل"، وذلك استرضاء للجانب العربي ومجاملة للاتحاد الأوروبي وروسيا[116].

وشجعت بيانات الترحيب الوزارية في اللجنة الرباعية الصادرة يومي 2002/7/16 و2002/9/17 الإدارة الأمريكية على المضي في جهودها لتبني اللجنة الرباعية لهذه الأفكار عبر صياغتها في مبادرة، وعرضها على اللجنة، في الوقت الذي كان الاتحاد الأوروبي فيه قد أعد صياغة خاصة بالخطة. ومن هنا جاءت صياغة خطة خريطة الطريق لدمج الصياغة الأوروبية بالصياغة الأمريكية لصالح الصياغة الأمريكية المنسقة إسرائيلياً[117].

وجاء الإعلان عن النص الرسمي لخريطة الطريق في 2003/4/30، ونشرته وزارة الخارجية الأمريكية. وتُحدّد خريطة الطريق خطوات يجب على الطرفين اتخاذها للتوصل إلى تسوية، والجدول الزمني لاتخاذها تحت رعاية الرباعية الدولية[118]، وتدعو إلى البدء بمحادثات للتوصل إلى تسوية سلمية نهائية، على ثلاث مراحل، للوصول إلى إقامة دولة فلسطينية بحلول سنة 2005[119].

ورحبت اللجنة الرباعية في اجتماعها في 2002/9/17 بتقرير المبعوثة الخاصة للأمين العام للأمم المتحدة كاثرين بيرتيني Catherine Bertini وتقريرها لمنظمة الأمم المتحدة للتربية والعلم والثقافة (اليونسكو) ,United Nations Educational Scientific and Cultural Organization (UNESCO) حول تأثير الإغلاقات على الشعب الفلسطيني، ودعت "الإسرائيليين والفلسطينيين للتصرف بناء على مسؤولياتهما الخاصة، والتحرك السريع لتحسين الحالة الإنسانية المتدهورة جداً في الضفة الغربية وغزة، بشكل خاص"، وأعلنت أن "اللجنة تعمل بصورة وثيقة مع الأطراف، وعن طريق التشاور مع الجهات الإقليمية الرئيسية لتطبيق ورقة عمل من ثلاث مراحل، تؤدي إلى حل نهائي في غضون ثلاث سنوات"[120].

ورغبة منها بإعادة تنشيط خطّة السلام، المعروفة بخريطة الطريق، أصدرت الرباعية في يوم 2005/5/9 بياناً، بعد اجتماعها في موسكو، كررت فيه التزامها بالحل القائم على الدولتين، وبالانسحاب الإسرائيلي من قطاع غزة ومن بعض مناطق الضفة الغربية. وقال البيان إن الهدف هو التوصل إلى سلام دائم ونهاية للاحتلال الإسرائيلي الذي بدأ في العام 1967، وعبرت اللجنة الرباعية في بيانها عن دعمها للمبعوث الخاص للأمم المتحدة المعني بفك الارتباط في قطاع غزة جيمس ولفنسون. وأشارت إلى أن الدولة الفلسطينية المستقبلية يجب أن تكون قادرة على البقاء اقتصادياً ومتواصلة الأراضي، وإنه ينبغي على الأطراف ألا تتخذ أي إجراء من شأنه الإجحاف بقضايا الوضع النهائي للتسوية السلمية المستقبلية. كما عبر البيان عن دعم اللجنة للمجهودات التي يبذلها الفريق في الجيش الأمريكي وليام وورد William Ward في سبيل المساعدة في إصلاح قوات الأمن الفلسطينية وفي التحركات التي يقوم بها الرئيس الفلسطيني محمود عباس لإشاعة الديموقراطية[121].

في 2006/5/9 انعقدت اللجنة الرباعية في مقر الأمم المتحدة في نيويورك، وأصدرت بياناً أكدت فيه مجدداً على ضرورة العمل وفق خريطة الطريق، كما بحثت في طرق وآليات دعم الشعب الفلسطيني والضغط على حماس في نفس الوقت

حتى تستجيب للمطالب الدولية. كما أكد البيان دعم اللجنة للرئيس الفلسطيني محمود عباس وأعربت عن احترامها له، وكرر البيان شروط "إسرائيل" لحماس وهي الاعتراف بـ"إسرائيل" ونبذ العنف وقبول الاتفاقات السابقة. وأكد البيان ضرورة تحويل "إسرائيل" استحقاقات الجمارك الفلسطينية إلى السلطة الوطنية الفلسطينية، والتزام حكومة حماس بمطالب اللجنة الرباعية[122].

ورفضت وزيرة الخارجية الأمريكية كوندوليزا رايس في 2007/2/19 طلباً من بعض الدول الأوروبية من ضمنها فرنسا، في توسيع مهام توني بلير، المبعوث الخاص للجنة الرباعية إلى الشرق الأوسط، لتشمل مفاوضات السلام لتمكينه من القيام بدور في تسهيل المفاوضات بين الفلسطينيين والإسرائيليين وخاصة إنشاء قوة دولية تنشر في الأراضي الفلسطينية. وقالت رايس إن واشنطن مصممة على مواصلة الإمساك بملف السلام الإسرائيلي – الفلسطيني[123].

وفي آذار/ مارس 2010، أصدرت الرباعية بياناً كررت فيه إدانتها لعزم "إسرائيل" بناء 1600 وحدة سكنية جديدة في شرقي القدس، ودعت الأطراف إلى تعزيز محادثات السلام غير المباشرة بين "إسرائيل" والفلسطينيين في إطار خطوات لإقامة دولة فلسطينية في غزة والضفة الغربية في غضون 24 شهراً. وأكدت الرباعية أنها "قلقة للغاية بشأن استمرار تدهور الأوضاع في غزة بما في ذلك وضع حقوق الإنسان والوضع الإنساني لسكان قطاع غزة وتؤكد على ضرورة التوصل لحل عاجل لأزمة غزة"[124].

إثر ظهور نتائج الانتخابات التشريعية الفلسطينية سنة 2006 وفوز قائمة التغيير والإصلاح التابعة لحركة حماس، طالبت اللجنة الرباعية في اجتماعها في 2006/3/1، في بيان لها بعد اجتماع وزراء خارجية الأطراف الأعضاء في اللجنة بالإضافة إلى الأمين العام للأمم المتحدة، حماس بالاعتراف بـ"إسرائيل"، ونبذ العنف، والاعتراف بالاتفاقيات الموقعة بين منظمة التحرير وحكومة "إسرائيل"[125]. ثم سارعت اللجنة الرباعية إلى منح حركة حماس مهلة شهرين كي توافق على شروطها مقابل استمرار

الدول المانحة بتمويل السلطة. كما أكدت الرباعية على موقفها عقب توقيع اتفاق مكة، الذي توصلت إليه حركتي فتح وحماس، وأعلنت عن "أملها في أن يؤدي تأسيس الحكومة الجديدة في إنهاء العنف الداخلي وتهدئة الأوضاع"[126]. وعلى خلفية فرض اللجنة الرباعية الحصار على الشعب الفلسطيني قدم مبعوث الرباعية جيمس ولفينسون استقالته من الرباعية في نيسان/ أبريل 2006 احتجاجاً على فرض هذا الحصار[127].

وخلال العدوان الإسرائيلي على غزة في 2008-2009، كشف ممثل اللجنة الرباعية الدولية للسلام في الشرق الأوسط توني بلير عقب لقائه في 2009/1/12 بالرئيس المصري حسني مبارك أنه تم وضع اتفاق إطاري لوقف إطلاق النار في غزة. وقال إن اللجنة الرباعية تسعى إلى تنفيذ استراتيجية جديدة في غزة تقوم على توحيد القطاع مع الضفة الغربية، دون التطرق إلى تفاصيل. وأعرب عن أمله في وقف إطلاق النار، و"التوصل إلى اتفاق دائم ومستمر يتمتع بالمصداقية بين إسرائيل وحركة حماس، حيث نحتاج إلى ضمان عدم تكرار ما حدث مرة أخرى، ونريد أيضاً موقفاً فلسطينياً موحداً وحقيقياً، مما يمهد لإقامة دولة فلسطينية". وأبدى بلير تأييده الكامل للمبادرة المصرية لوقف إطلاق النار وإعادة الهدوء في غزة وفتح المعابر. ودعا بلير لإنهاء حالة الانقسام بين الفصائل الفلسطينية سريعاً، مؤكداً أن وحدتهم تساعد على إقامة الدولة الفلسطينية[128].

وحيال التعامل مع حماس قال بلير إن اللجنة ستتعامل مع حماس إذا قبلت بالحل القائم على دولتين، وأكد انه يؤيد دعوة الرئيس الفلسطيني محمود عباس لتشكيل حكومة وحدة، إلا أنها يجب أن تقوم على "أسس صحيحة" تؤدي إلى الاعتراف بـ"إسرائيل"[129].

وعقب قيام القوات الخاصة الإسرائيلية باعتراض أسطول الحرية Gaza Freedom Flotilla التي كانت تتجه إلى قطاع غزة صرح مايكل ويب Michael Webb، نائب

رئيس ممثلية الاتحاد الأوروبي في موسكو، في مؤتمر صحفي عقده في 2010/6/2 في العاصمة الروسية أن الاتحاد الأوروبي لا ينوي اتخاذ خطوات أحادية الجانب بشأن الوضع الراهن حول "إسرائيل" وقطاع غزة. وأشار ويب إلى أن معالجة كافة مسائل الشرق الأوسط والنظر فيها لن يتما إلا عن طريق لجنة الوساطة الدولية الرباعية، مشدداً على أن الاتحاد الأوروبي لا يتخذ أي خطوات خارج هذا الإطار.[130]

وفي اختتام ندوة حول العلاقات الأوروبية – الإسرائيلية، قال وزير الخارجية الإسباني ميغيل أنخل موراتينوس، إن بوسع الاتحاد الأوروبي أن يبادر إلى شيئين لمواكبة سفن المساعدة إلى غزة. الأول مباشر وفوري، "ولدينا القدرة السياسية والأمنية لكي نتقدم من اللجنة الرباعية بخطة ومبادرة عالمية لرفع الحصار عن غزة".

والنقطة الثانية "لدينا قوة أوروبية على الأرض، كانت حتى أمد قريب، تضمن حرية عبور الأشخاص وقوافل المساعدات والبضائع إلى غزة من إسرائيل ومصر، فلماذا لا نفكر بإعادة فتح ميناء غزة، وتشكيل قوة بحرية أوروبية تضمن لإسرائيل منع تهريب الأسلحة، واستقراراً أمنياً، وتضمن لسكان غزة مرور البضائع والمواد الغذائية".[131]

4. قوة المراقبة الأوروبية التي تعرف باسم الوجود الدولي المؤقت في الخليل:

بعد احتلال ما بقي من فلسطين سنة 1967، نشطت القيادة الفلسطينية على الصعيد الدولي لتوفير حماية دولية للشعب الفلسطيني من خطر الاحتلال الإسرائيلي، وتقدمت عدة دول إلى مجلس الأمن بطلب إرسال بعثة تحت إشراف الأمم المتحدة لحماية الشعب الفلسطيني، وفشلت المحاولات بسبب معارضة "إسرائيل"، التي اعتبرت أن المناطق الفلسطينية التي احتلتها ليست مناطق محتلة، بل مناطق متنازع عليها، ولا سيادة لأحد عليها، وبأنها استولت عليها في حرب دفاعية، ومن ثم يجوز وضع اليد عليها بشكل فعال.[132]

وكانت المرة الوحيدة التي وافقت فيها "إسرائيل" على تواجد دولي فوق الأراضي المحتلة كانت قبولها الوجود الدولي المؤقت في الخليل Temporary International Presence in the City of Hebron (TIPH). وجاءت موافقة "إسرائيل" على مثل هذه القوة للتهرب من احتمال إرسال قوة حماية دولية تحت إشراف الأمم المتحدة، وذلك بعد أن أصدر مجلس الأمن القرار 904 سنة 1994، والذي "أكد على الحاجة إلى توفير الحماية والأمن للشعب الفلسطيني"[133]، وذلك بعدما قام المستوطن باروخ غولدشتاين Baruch Kappel Goldstein بإطلاق النار على المصلين في الحرم الإبراهيمي وقتل 29 مصلياً في 1994/2/25؛ وتزامناً مع إعلان الرئيس ياسر عرفات انسحاب منظمة التحرير من مباحثات السلام إذا لم توافق "إسرائيل" على وجود مراقبين دوليين في الخليل[134].

وتم توقيع اتفاقية الخليل في القاهرة في 1994/3/31 من قبل رئيس هيئة الأركان الإسرائيلي أمنون ليبكين شاحاك Amnon Lipkin-Shahak ووزير التعاون الدولي في السلطة الفلسطينية نبيل شعث[135]، مطالبين فيها كلاً من إيطاليا، والدنمارك، والنرويج تزويدهم بمراقبين في التواجد الدولي المؤقت في الخليل. تحددت صلاحيات هذا التواجد بالمساعدة في خلق الاستقرار وإعادة الحياة الطبيعية في المدينة[136].

وفي 1994/5/8 تم إنشاء البعثة، ولكن، منظمة التحرير الفلسطينية والحكومة الإسرائيلية لم تتمكنا من التوصل إلى اتفاق حول تمديد عمل البعثة؛ وعليه، انسحبت البعثة في 1994/8/8. وفي 1995/9/28 تم توقيع اتفاقية أوسلو 2 Oslo 2 Agreement، والتي نادت بإعادة انتشار جزئي للجيش الإسرائيلي من الخليل. كما أنها دعت إلى بعثة تواجد دولي مؤقت في الخليل أخرى يتم إنشاؤها خلال إعادة انتشار الجيش الإسرائيلي في الخليل[137].

وفي 1996/5/12، تم تأسيس بعثة التواجد الدولي المؤقت في الخليل الثانية، والتي تكونت آنذاك من أعضاء نرويجيين على أساس استبدالها ببعثة أخرى حال إعادة انتشار الجيش الإسرائيلي في بعض المناطق في الخليل. وعليه، عملت هذه البعثة حتى

تم إعادة الانتشار الجزئي للجيش الإسرائيلي والتي أسست لإنشاء بروتوكول الخليل حول إعادة الانتشار في 1997/1/17[138].

وفي 1997/1/21، اتفق الفريقان على توقيع اتفاقية التواجد الدولي المؤقت في الخليل والتي دعت كل من: النرويج، إيطاليا، الدنمارك، السويد، سويسرا، وتركيا إلى المشاركة في البعثة وإرسال مراقبين على أن توكل مهمة التنسيق إلى النرويج. كما رسمت الاتفاقية الخطوط العريضة فيما يتعلق بمهام البعثة، وحددت مدة العمل لثلاثة أشهر تجدد لثلاثة أشهر أخرى إذا ما اتفق الفريقان. بالإضافة إلى ذلك، وبموافقة الفريقين، تستطيع البعثة تمديد هذه المدة أو تغيير مجال العمل كما اتفق عليه[139].

وفي 1997/1/30، وقعت الدول الست المشاركة في البعثة اتفاقية تفاهم على أساس اتفاقية التواجد الدولي المؤقت في أوسلو[140].

تم تعريف بعثة التواجد الدولي المؤقت في الخليل على صفحة الموقع الرسمي لهذه البعثة بأنها بعثة مراقبة مدنية تعمل في مدينة الخليل جنوب الضفة الغربية في مجال المراقبة وكتابة التقارير حول أية خروقات تتعلق بالقوانين الدولية أو قوانين حقوق الإنسان، وكذلك الاتفاقيات الدولية والإقليمية الموقعة بين الجانبين الفلسطيني والإسرائيلي حول مدينة الخليل. وتعتمد البعثة في تمويلها على الدول الست المشاركة في البعثة (النرويج، وإيطاليا، وسويسرا، وتركيا، والدنمارك، والسويد) حيث تقوم هذه الدول بدورها باللجوء إلى استخدام الوسائل والقنوات الدبلوماسية من أجل تعزيز الحوار حول الأوضاع في مدينة الخليل. وقد اتفق الجانبان الفلسطيني والإسرائيلي على أن تكون بعثة التواجد الدولي المؤقت في الخليل بعثة محايدة تشاهد ما يجري على الأرض. لا يتمتع أعضاء بعثة التواجد الدولي المؤقت في الخليل بأي صلاحيات شرطية أو عسكرية، كما أنهم لا يتدخلون في المنازعات، أو أية أحداث أو نشاطات يقوم بها الجانب الفلسطيني أو الإسرائيلي. ولكن تقوم البعثة بتذكير الجانبين بالتزاماتهم ضمن الاتفاقيات التي تم التوقيع عليها، وتعمل على حل المشاكل من خلال الحوار بين الفريقين[141].

ولا زالت هذه القوة متواجدة في مدينة الخليل، وهي تكتفي بكتابة التقارير ورفعها للدول المانحة وللجنة الارتباط الفلسطينيه — الإسرائيلية ولا علاقة للأمم المتحدة بها. إن تواجد هذه القوات لم يمنع القوات الإسرائيلية من مواصلة اعتداءاتها على الشعب والأراضي الفلسطينية[142].

ثالثاً: مواقف الاتحاد الأوروبي من التعامل مع حركات المقاومة الفلسطينية وحكومة حماس

1. مقدمة عن تعامل الاتحاد الأوروبي مع حركات المقاومة الفلسطينية:

يرى الاتحاد الأوروبي أن العمليات التي تنفذها حركات المقاومة داخل الأراضي الفلسطينية المحتلة عام 1948 أعمالاً إرهابية ليس لها مبرر، وأنه يقر بحق "إسرائيل" في الدفاع عن أمنها وأمن مواطنيها، كما يعدُّ الاتحاد الأوروبي أن التحريض، والعنف، والإرهاب، يجب أن لا يقف عثرة أمام تحقيق السلام في الشرق الأوسط[143]، هذا ما أكد عليه البيان الصادر عن وزراء خارجية دول الاتحاد في بروكسل في كانون أول/ ديسمبر 2001، والذي اعتبرت فيه حركتي حماس والجهاد الإسلامي الفلسطينيتين منظمتين إرهابيتين، بالإضافة إلى مطالبة وزراء خارجية دول الاتحاد السلطة الفلسطينية بتفكيك هاتين المنظمتين وملاحقة الأعضاء فيهما[144]. وينتج تلقائياً عن هذا التصنيف الذي وُضعت به المنظمتان قطع العلاقات الدبلوماسية الأوروبية معهما.

و لم يقف الاتحاد الأوروبي عند هذا الحد بل تمادى ليصبح قريباً جداً من الموقفين الإسرائيلي والأمريكي تجاه المقاومة الفلسطينية، فقد أعلن وزير خارجية فرنسا دومينيك دو فيلبان بعد اجتماع وزراء خارجية دول الاتحاد الأوروبي الذي عقد في بلدة رفا ديل غارد Rafa Del Garde الإيطالية في 2003/9/6، أن دول الاتحاد قررت بالإجماع اعتبار حركة حماس ضمن المنظمات الإرهابية، وتجميد أرصدتها في الدول الأوروبية[145].

شاركت حماس في الانتخابات البلدية التي جرت في 2005، وأكد رئيس البرلمان الأوروبي جوزيف بوريل Josep Borrell خلال زيارة له للأراضي الفلسطينية أنه لا توجد لقاءات مع حركة حماس، وأن البرلمان ملتزم بالموقف المعلن تجاه الحركة، الذي لم يطرأ عليه أي تغيير، إلا انه استدرك قائلاً: "إن الاتحاد الأوروبي سيتعامل باحترام مع

من ينتخبه الشعب الفلسطيني"[146]. وهو ما أكده مبعوث الاتحاد الأوروبي إلى الشرق الأوسط مارك أوت بقوله: "ما دامت حماس قد شاركت في الانتخابات في الأراضي الفلسطينية فيجب مواجهة الحقيقة، وهي أنهم موجودون وربما يتم انتخاب عدد كبير منهم"، مؤكداً أنه يتعين على "السلطة الفلسطينية والحكومة الإسرائيلية وأمريكا أن تواجه ذلك"[147].

ولم تخف "إسرائيل" خشيتها من وجود حوار بين الاتحاد الأوروبي وحماس، بعد أن حققت الأخيرة فوزاً كاسحاً في الانتخابات البلدية التي جرت سنة 2005، حيث قال وزير الخارجية الإسرائيلي سيلفان شالوم Silvan Shalom بأنه يجب أن تعلم كل حكومة أوروبية أو منظمة تقيم اتصالات على مستوى متدن مع حماس أنها تجري حواراً وتضفي شرعية على منظمة تسعى إلى تدمير "إسرائيل"[148]. وتأتي هذه التصريحات بعد أن كشف مسؤول أوروبي في حزيران/ يونيو 2005 أن "اتصالات دبلوماسية فنية جرت مع حماس لكن ذلك لا يعني تغييراً في موقف الاتحاد الأوروبي تجاه هذه الحركة"[149]. وهو ما نفاه القيادي في حماس إسماعيل هنية واصفاً ما يثار حول علاقة الحركة بأوروبا بالمضخمة إعلامياً، موضحاً أن ما حدث مجرد لقاءات مع بعض الأكاديميين ومن يعملون في القنصليات فقط[150].

وضع الاتحاد الأوروبي عدة شروط لإخراج حركة حماس من قائمة الحركات الإرهابية، ويوضح هذه الشروط سفير الاتحاد الأوروبي في "إسرائيل" راميرو سيبريان–أوزال في تعليله لإيقاف الاتحاد الأوروبي تحويل الأموال للسلطة الفلسطينية إثر فوز حماس بالانتخابات التشريعية في 2006، وهذه الشروط هي[151]:

- جميع وزراء أي حكومة فلسطينية مستقبلية يجب أن يكونوا ملتزمين بنبذ العنف.
- الاعتراف بـ"إسرائيل".
- الموافقة على الاتفاقيات والالتزامات السابقة، بما فيها خريطة الطريق.

بقي موقف الاتحاد الأوروبي من حركات المقاومة عامة، ومن حماس خاصة على حاله إلى أن لاحت في 2010/5/10 بوادر انفراج في الموقف الأوروبي من حماس، حيث أعلن أمين سر المجلس التشريعي الفلسطيني محمود الرمحي أن هناك حراكاً أوروبياً واسعاً لفتح قنوات اتصال مع حماس. ونقل عن مسؤولين أوروبيين قولهم إن الاتحاد الأوروبي نادم على مقاطعة الحركة بعد فوزها بأغلبية برلمانية في انتخابات 2006. وكشف الرمحي عن سلسلة لقاءات رسمية وغير رسمية جمعت نواباً من حماس في الضفة الغربية مع مسؤولين أوروبيين، طلبوا خلالها مساعدة الحركة لإيجاد مخرج لأوروبا حتى تتخلص من اشتراطات اللجنة الرباعية[152].

وفي 2010/6/11 دعا مفوض بريطانيا السابق للشؤون الخارجية في الاتحاد الأوروبي كريس باتن دول الاتحاد إلى فتح حوار مع حماس، والمطالبة برفع الحصار الإسرائيلي فوراً عن قطاع غزة، وعدم السماح للولايات المتحدة باحتكار السياسة الدولية؛ وأنه من دون حماس لن تكون هناك تسوية سلمية، وما ينبغي علينا أن نطلبه من الحركة بسيط، وهو وقف إطلاق النار، وقبول نتائج عملية التسوية في إطار استفتاء فلسطيني، والمساعدة في ضمان إطلاق سراح الجندي الإسرائيلي جلعاد شاليط، ووصف الإصرار على قبول حماس بكافة الاتفاقيات السابقة في حين أن "إسرائيل" لا تلتزم بأي شرط من هذا القبيل بأنه أمر غريب[153]. وهو ما عدته حماس على لسان عضو مكتبها السياسي صلاح البردويل تأكيداً على أن "الصمود الذي أبداه الشعب الفلسطيني بقيادة حماس كان له تأثير كبير في احترام العالم هذا الموقف، والبحث عن أساليب لتخفيف الحصار عنه"، وقال: إن "مثل هذه التصريحات تؤكد أن عدم التزام نتائج الانتخابات التشريعية الفلسطينية كان خطأً أوروبياً كبيراً، وعاراً لحق بالمجتمع الدولي"[154].

2. موقف الاتحاد الأوروبي من نتائج الانتخابات الفلسطينية في سنة 2006:

شكل قرار حركة حماس المشاركة في الانتخابات التشريعية في 2006/1/25، تحولاً سياسياً على الساحة الفلسطينية والإقليمية والدولية. ففي حين أن البعض كان يحاول إبعاد حماس عن الحياة السياسية، ربما خوفاً من عرقلة عملية التسوية السلمية بين الفلسطينيين والإسرائيليين، الأمر الذي ينطبق على إدارة بوش، و"إسرائيل"[155]، اعتبر البعض الآخر أن الحركة دخلت معتركاً يمكن من خلاله إدماجها في العملية السياسية الفلسطينية التي كان عنوانها الرئيس التسوية السلمية مع "إسرائيل"، وذلك بفرض أن حماس تراجعت عن مبررات مقاطعتها للانتخابات التشريعية في سنة 1996، وهي اتفاقيات أوسلو على وجه الخصوص، ومن هؤلاء على سبيل المثال كان رئيس السلطة الفلسطينية محمود عباس الذي دافع وأيد مشاركة الحركة، ورفض أي فيتو، أو تدخل إسرائيلي لمنع حماس من المشاركة[156]. كما أن الاتحاد الأوروبي كان واضحاً برغبته بمشاركة حماس في الانتخابات التشريعية علها تنخرط في الحياة السياسية وتتخلى عن السلاح[157]. ومن هنا كان موقف المفوضية الأوروبية التي أعلنته غداة فوز حماس في الانتخابات محدداً واضحاً ومفاده أنها ستعمل مع أي حكومة فلسطينية تلجأ إلى السبل السلمية[158].

ومن منطلق دفع حركة حماس إلى الانخراط في العملية السياسية، استغل الاتحاد الأوروبي قضية المساعدات الاقتصادية للضغط على حماس بعد فوزها في الانتخابات التشريعية، إذ إن مجلس العلاقات الخارجية والشؤون العامة في الاتحاد الأوروبي أصدر قراراً في 2006/4/10 بوقف المساعدات للحكومة الفلسطينية، وأوقف اتصالاته السياسية بها، إلى حين التزام الحركة بمبادئ السلام كما أقرتها اللجنة الرباعية الدولية[159]. أما الممثل الأعلى للشؤون الخارجية والأمنية للاتحاد الأوروبي خافيير سولانا فقد أعرب في خطاب له أمام البرلمان الأوروبي المنعقد في ستراسبورغ في 2006/4/5، عن خيبة أمله من عدم اعتراف الحكومة الفلسطينية التي شكلتها حماس

بمفاهيم التسوية القائمة على نبذ العنف، والاعتراف بـ"إسرائيل" وصولاً إلى حل الدولتين. واعتبر أن الشروط الأوروبية هذه هي الوسيلة الوحيدة للحوار مع حماس، مبيناً أن الاتحاد الأوروبي غير راغب بإفشال حكومة حماس، ولكن في المقابل فإن على حماس الاعتراف بشروط الرباعية حول عملية السلام، والعمل على احترام القانون والتداول السلمي للسلطة مما يؤهلها للشراكة السياسية مع المجتمع الدولي[160]. والأمر ذاته ركزت عليه بريطانيا التي اعتبرت أن على حماس أن تنبذ العنف وتعترف بحق "إسرائيل" في الوجود إن كانت تريد العمل مع المجتمع الدولي، بحسب ما جاء على لسان وزير خارجيتها جاك سترو[161].

3. موقف الاتحاد الأوروبي من الحصار على غزة:

بعد أيام قليلة من إعلان فوز حماس، في الانتخابات التشريعية الفلسطينية في 2006/1/25، دعت المستشارة الألمانية أنجيلا ميركل، بعد لقاء لها برئيس الوزراء الإسرائيلي إيهود أولمرت والرئيس محمود عباس، حماس للموافقة على الاتفاقات لضمان "استمرار المساعدات"[162].

وعزز الاتحاد الأوروبي هذا الموقف بالإعلان عن صرف 120 مليون يورو (142.8 مليون دولار)، لتسديد فواتير المحروقات الفلسطينية المستوردة من "إسرائيل"، ودعم نشاطات وكالة الأمم المتحدة لإغاثة وتشغيل اللاجئين الفلسطينيين في الشرق الأدنى (الأونروا) UNRWA "شريطة عدم وصول هذه الأموال إلى الحكومة الفلسطينية التي شكلتها حماس"[163]. ولكن على الرغم من ذلك يعتبر هذا الموقف مخففاً من وطأة الحصار، لأن الحصار يستهدف أن يكون شاملاً ليضغط على حماس أو ليؤدي إلى انهيار الحكومة[164].

واتضح موقف الاتحاد الأوروبي بشكل جلي في القرار الذي أصدره وزراء خارجية الاتحاد الأوروبي الذين اجتمعوا في لوكسمبورج في 2006/4/10 حيث أكدوا على تجميد المساعدات المباشرة للسلطة الفلسطينية في تصعيد للعقاب الجماعي

على الخيار الديموقراطي الفلسطيني، وقال خافيير سولانا إن الموقف الأوروبي لا يأتي كمفاجأة لحماس، حيث كرر الاتحاد الأوروبي مراراً ضرورة نبذ العنف، والاعتراف بـ"إسرائيل"، والالتزام بالتعهدات السابقة كشرط لمواصلة تقديم المساعدات الأوروبية. وقال إن سير الأمور كالمعتاد ليس ممكناً لأننا اتفقنا على ذلك منذ فترة من الوقت. مضيفاً: "سنواصل عن كثب مراقبة كيفية تطور الأمور على الأرض واتخاذ ما يلزم". وأشار إلى عدم إمكان إجراء اتصال مباشر مع الحكومة، التي تقودها حركة حماس[165].

كما تأكد هذا التوجه الأوروبي من خلال الاقتراح الذي تقدم به الرئيس الفرنسي جاك شيراك Jacques Chirac في اجتماع اللجنة الرباعية في 2006/5/9 في مقر الأمم المتحدة في نيويورك، وبعد اجتماع له مع محمود عباس، ويقضي الاقتراح إنشاء "صندوق إئتماني يديره البنك الدولي لدفع رواتب الموظفين الفلسطينيين"، وهو محاولة لحل المشكلات المعيشية للفلسطينيين دون تسليم الأموال للحكومة التي تقودها حماس، بهدف الضغط عليها لتحقيق الشرط السياسي، وهو الموافقة على الاتفاقات الدولية وفي صلبها الاعتراف بـ"إسرائيل"[166].

تطور اقتراح شيراك ليتحول لموقف أوروبي يقوم على أساس إنشاء ما أطلق عليه اسم "الآلية الدولية المؤقتة" Temporary International Mechanism في حزيران/ يونيو 2006، بهدف إيصال الأموال للفلسطينيين عبر البنوك ولكن دون المرور بالحكومة الفلسطينية[167].

وبقيت العقوبات الاقتصادية مفروضة على السلطة الفلسطينية إلى أن أعلن سلام فياض، وزير المالية في حكومة الوحدة الوطنية التي أقالها الرئيس عباس، تشكيل حكومة الطوارئ في 2007/6/17، بتكليف من عباس[168]. إذ رحب الاتحاد الأوروبي بهذه الحكومة، وأعلن انتهاء العقوبات الاقتصادية على السلطة[169].

اقتصر الموقف الأوروبي من حصار غزة على المطالبة بإنهائه وفتح المعابر، والمساعدات الإنسانية، وفي رد على رسالة للنائب جمال الخضري رئيس اللجنة

الشعبية لمواجهة الحصار، دعت مفوضة الاتحاد الأوروبي للعلاقات الخارجية بينيتا فيريرو فالدنر Benita Ferrero-Waldner في 2008/2/20، "إسرائيل" إلى رفع الحصار عن قطاع غزة وفتح المعابر للتخفيف عن كاهل الفلسطينيين هناك. وأعربت عن "قلقها بشأن الأوضاع الإنسانية في قطاع غزة". وأكدت فالدنر أن الاتحاد الأوروبي مستمر في العمل لتخفيف معاناة سكان قطاع غزة عبر عدة إجراءات تشمل المساعدات الإنسانية[170].

وطالبت نائبة رئيس البرلمان الأوروبي لويزا مورغانتيني Luisa Morgantini في 2008/4/18 بفتح معابر قطاع غزة، وقالت: "لا توجد المزيد من الأعذار أمام الاتحاد الأوروبي والمجتمع الدولي، إذ يتعين عليهما التدخل على الفور، وبنحو أقوى وأكثر فاعلية لفتح كل حدود غزة فوراً"[171].

وإثر الاعتداء الإسرائيلي على أسطول الحرية، في 2010/5/31، الذي سيرته جهات رافضة للحصار الإسرائيلي على قطاع غزة في مقدمتها تركيا، وأدى إلى سقوط تسعة ضحايا من الأتراك الذين كانوا على متنه، طالبت وزيرة الخارجية في الاتحاد الأوروبي كاثرين آشتون Catherine Ashton السلطات الإسرائيلية بإجراء "تحقيق كامل" حول الهجوم[172]. وأكدت أن "الحصار على غزة يجب أن ينتهي". وأعربت عن استعدادها لتكثيف جهود أوروبا لرفع الحصار المفروض على قطاع غزة[173].

وطالب رئيس الحكومة الإسبانية خوسيه لويس رودريغيز ثاباتيرو Jose Luis Rodriguez Zapatero، الذي يتولى الرئاسة الدورية للاتحاد الأوروبي، خلال لقاءه الرئيس محمود عباس في 2010/6/12، بصدور "موقف مشترك قوي من الاتحاد" في شأن الوضع في غزة والحصار الذي تفرضه "إسرائيل"، وذكر "بضرورة رفع الحصار عن غزة لأسباب إنسانية"[174].

وفي اجتماع وزراء خارجية دول الاتحاد في لوكسمبورغ في 2010/6/14، أعرب الوزراء عن أسفهم العميق عن الخسائر البشرية التي نتجت عن العملية الإسرائيلية

في المياه الدولية ضد السفن التي كانت مبحرة إلى غزة، وقالوا إن الوضع في غزة لا يمكن أن يستمر، مشددين على أنّ الاستمرار في سياسة الإغلاق أمر غير مقبول، ومن شأنه أن يأتي بنتائج عكسية على المستوى السياسي. ودعا الوزراء إلى تغيير سريع وجوهري في السياسات يؤدي إلى حل دائم للوضع في غزة، مشدّدين على ضرورة تطبيق قرار مجلس الأمن الدولي الرقم 1860، الذي دعا إلى وقف العدوان على قطاع غزة من خلال فتح سريع ومستمرّ وغير مشروط للمعابر، بما يسمح بمرور المساعدات الإنسانية، والبضائع التجارية، والأشخاص إلى غزة[175].

كما أكد الوزراء على ضرورة التوصل إلى حل يأخذ بالاعتبار المخاوف الإسرائيلية المشروعة في ما يتعلق بالأمن، وهذا يشمل الوقف التام لأعمال العنف، وعمليات تهريب الأسلحة إلى غزة. وأكد الوزراء أنّ الاتحاد الأوروبي مستعدّ للمساهمة في تطبيق الآليات التي نص عليها اتفاق سنة 2005 (بشأن المعابر)، بما يسمح بإعادة إعمار غزة وإحياء اقتصادها، مقترحين السماح بدخول منتظم (للسلع) عبر المعابر البرية، وربما عبر البحر، استناداً إلى لائحة السلع الممنوعة، مع ممارسة رقابة صارمة على السلع المستوردة[176].

هذا وتوضح مندوبة السلطة الفلسطينية لدى الاتحاد الأوروبي ليلى شهيد أن التصريحات الأوروبية لا تعني موقفاً موحداً من رفع الحصار عن غزة، وأن هناك دولاً، لم تسمّها، تعارض فتح المعابر إلى غزة بمشاركة أوروبية، لكونها "تأخذ أوامرها، في القضايا المتصلة بفلسطين، من السفارة الإسرائيلية، وتعتبر نفسها تمثّل "إسرائيل"[177].

4. إدارة معبر رفح بعد الانسحاب الإسرائيلي من غزة:

بعد انسحاب "إسرائيل" من قطاع غزة في سنة 2005، بموجب خطة فك الارتباط التي قام بها شارون كان لابد من وجود آلية تضمن لـ"إسرائيل" عدم استخدام معبر رفح، المعبر الوحيد الذي يربط قطاع غزة بالعالم الخارجي عبر مصر، لتعزيز القدرات

العسكرية لفصائل المقاومة، وخصوصاً المعارضة منها لعملية التسوية مثل حركة حماس وحركة الجهاد. فكان اتفاق المعابر الذي سعت إليه وزيرة الخارجية الأمريكية كوندوليزا رايس ووقع من قبل السلطة الفلسطينية و"إسرائيل" في 2005/11/15، إذ شكل الوثيقة الأساسية التي تحدد قواعد استخدام معبر رفح بالطريقة ذاتها التي تستخدمها الحكومة الإسرائيلية من حيث التدقيق والمراقبة[178].

وأرادت "إسرائيل" من خلال هذا الاتفاق، أن تضمن قيام السلطة ومصر، إضافة إلى الاتحاد الأوروبي والولايات المتحدة الأمريكية من خلال منسقها الأمني، بما كانت تقوم به هي من سيطرة مطلقة على المعبر، وذلك بالتنسيق مع مكتب منسق الشؤون العسكرية الإسرائيلي في الأراضي الفلسطينية. على أن يكون الاتفاق ساري المفعول لمدة عام واحد فقط من تاريخ بدء تنفيذه[179]. ومن الممكن تمديد العمل بالاتفاق لمدة ستة أشهر، إلا إذا ارتضت الأطراف المعنية خلاف ذلك.

كان الاتحاد الأوروبي هو الطرف الثالث في تطبيق الاتفاق، من خلال إيفاد بعثته للمساعدة الحدودية والتي كانت تعرف ببعثة الاتحاد الأوروبي للمساعدة الحدودية في رفح - European Union Border Assistance Mission Rafah (EU BAM Rafah). وقد تمحور دور البعثة، الذي بدأ يوم 2005/11/30، في مراقبة عمليات نقطة العبور الحدودية بين قطاع غزة ومصر، دون أن يكون للبعثة أي وصاية تنفيذية، آخذة بعين الاعتبار الشواغل الأمنية لـ"إسرائيل"، بالتوازي مع ضمان حرية تنقل الفلسطينيين القاطنين في قطاع غزة. وقد بقيت البعثة تقوم بعملها حتى يوم 2007/6/9، مسجلة عبور حوالي 450 ألف مسافر خلال هذه الفترة. وعلى الرغم من الأحداث الأمنية التي أجبرت البعثة على تجميد مهمتها على معبر رفح، بقيت على أهبة الاستعداد لاستئناف دورها، في انتظار التوصل لحل سياسي للأزمة التي دفعتها إلى تعليق عملها[180]. وقد كان من أهداف البعثة تعزيز الثقة بين الطرفين الفلسطيني والإسرائيلي، من خلال دقة مراقبة أداء السلطة الفلسطينية، قياساً بما اتفق عليه في اتفاق

المعابر. إضافة إلى مساعدة الطرف الفلسطيني، والمساهمة في البناء المؤسسي، وتنمية القدرات في مجال إدارة الحدود والجمارك[181].

وعلى الرغم من أن ظاهر الأمر يوحي بأن معبر رفح أصبح مع بداية تنفيذ اتفاقية المعابر بعيداً عن الاحتلال والتحكم الإسرائيلي، فإن التطبيق العملي أظهر أن "إسرائيل" هي اللاعب الأساسي في تشغيل وعدم تشغيل المعبر، إن كان من خلال المراقبة وحق الاعتراض التي أتاحتها الاتفاقية، والتي تتم عبر التنسيق مع البعثة الأوروبية وليس بشكل مباشر، أو من خلال حجة الإنذارات الأمنية التي كانت تتذرع بها "إسرائيل" لمنع بعثة المراقبة الأوروبية من مغادرة مقر إقامتها في "إسرائيل".

ومما تجدر الإشارة إليه أن البعثة الأوروبية قد تم التجديد لمهمتها من قبل مجلس الاتحاد الأوروبي في 2010/5/10 لغاية 2011/5/24، وذلك على الرغم من أن مهمتها مجمدة بسبب الانقسام الفلسطيني، وسيطرة حركة حماس على مقاليد السلطة في قطاع غزة. وهو ما يعبر من وجهة نظر الاتحاد الأوروبي عن الالتزام بعملية السلام في الشرق الأوسط، والعمل على تسهيل الوصول إلى حل نهائي للصراع[182].

وشكلت أزمة المواجهة التي قامت بها القوات الإسرائيلية في 2010/5/31 لإيقاف أسطول الحرية فرصة سانحة للاتحاد الأوروبي للقيام من جديد بطرح دور له من خلال خطة لرفع الحصار عن القطاع دون المساس بأمن "إسرائيل". فقد أعلن وزير الخارجية الإسباني ميغيل انخيل موراتينوس في 2010/6/7، في مقابلة مع قناة تي.في. أي. T.V.I الإسبانية، أن وزراء خارجية الاتحاد الأوروبي سيحاولون إعداد مقترح مشترك يهدف رفع الحصار عن قطاع غزة، يكون فتح معبر رفح ركناً من أركان هذا المقترح. وهو ما أكدته فرنسا، التي اقترحت أن يتولى الاتحاد الأوروبي مراقبة سفن البضائع التي ترغب في التوجه إلى قطاع غزة، وقال وزير الخارجية الفرنسي برنار كوشنير: "لقد تولينا في السابق معبر رفح، ويمكننا أن نقترح من جديد أن يراقب الاتحاد الأوروبي والبلدان الأوروبية هذا المعبر بطريقة حازمة جداً"[183].

ودعا كل من موراتينوس وكوشنير ونظيريهما الإيطالي فرانكو فراتيني Franco Frattini، عبر مقال مشترك، إلى الاستفادة من وجود بعثة مدنية بتصرف الاتحاد الأوروبي قادرة على الانتشار على معبر رفح، وإنهاء معاناة قطاع غزة التي خلفها الحصار، بسبب إغلاق المعابر وخصوصاً معبر رفح[184]. علماً أن الرغبة الأوروبية بفتح معابر قطاع غزة، ومن ضمنها معبر رفح، اصطدمت قبل هذه الأحداث برفض إسرائيلي، وأشار كوشنير إلى ذلك خلال تصريحات على هامش اجتماعات وزراء خارجية الحلف الأطلسي والاتحاد الأوروبي التي عقدت في 2008/12/2[185].

وهنا لا بد من الإشارة إلى أن هذه المقترحات لاقت ترحيباً من حركة حماس، التي أعلنت على لسان الناطق باسمها فوزي برهوم قبولها بعودة بعثة المراقبة الأوروبية للعمل في معبر رفح[186]. وفي المقابل أثارت المقترحات الأوروبية مخاوف السلطة في رام الله، إذ اعتبرت أن أي ترتيب لفك الحصار عن قطاع غزة من خلال ربطه بالعالم الخارجي بمعزل عن الربط مع الضفة الغربية، وإعادة العمل بمعبر رفح دون اتفاق وترتيب وإشراف السلطة الفلسطينية، هو بمثابة تكريس للانقسام الفلسطيني، وبالتالي هدم فكرة قيام دولة فلسطينية. وهو الأمر الذي أكد عليه الرئيس محمود عباس خلال زيارته لواشنطن في 2010/6/9[187]. وأكده رئيس الوزراء الفلسطيني سلام فياض، الذي حذر بشدة من اقتصار رفع الحصار على فتح ممر بحري وفتح معبر رفح مع مصر، مشيراً إلى أن ذلك يؤدي إلى "تكريس انفصال الضفة عن القطاع، ويحول دون تحقيق إقامة الدولة الفلسطينية المستقلة على كامل الأراضي المحتلة عام 1967 وعاصمتها القدس"[188]. أما صائب عريقات فقد أشار إلى أن تحقيق المصالحة الفلسطينية وتوقيع وثيقة المصالحة المصرية في القاهرة سيقود حتماً إلى إعادة تشغيل معبر رفح[189].

5. موقف الاتحاد الأوروبي من العدوان الإسرائيلي على قطاع غزة 2008/12/27-2009/1/18:

طالبت الرئاسة الفرنسية للاتحاد الأوروبي في أعقاب العدوان الإسرائيلي على غزة والذي حصل في الفترة ما بين 2008/12/27-2009/1/18 بـ"وقف إطلاق الصواريخ على إسرائيل والقصف الإسرائيلي على غزة فوراً"، وأدانت الاستخدام غير المتكافئ للقوى[190].

ورأت رئاسة الاتحاد الأوروبي الفرنسية أن العودة إلى التهدئة هو الحل الوحيد لإنهاء الصراع في غزة[191]، واستضافت لهذا الغرض وزراء خارجية دول الاتحاد الأوروبي، إضافة إلى الممثل الأعلى للشؤون الخارجية والأمنية للاتحاد الأوروبي خافيير سولانا، ومفوضة الاتحاد الأوروبي للعلاقات الخارجية بنيتا فيريرو فالدنر Benita Ferrero-Waldner. وقالت مصادر فرنسية إن الغرض كان "التشاور في ما ينبغي عمله لوضع حد للعنف بين "إسرائيل" وحماس، وخصوصاً بحث الدور الذي يمكن أن يضطلع به مجلس الأمن. ووصفت المصادر الفرنسية النداء الأوروبي بأنه طلب لـ"هدنة إنسانية" باعتبار أن وقف النار هو "أولوية الأولويات" ما سيسمح بإيصال المساعدات الإنسانية والأدوية إلى سكان قطاع غزة[192].

وأعرب الاتحاد الأوروبي في 2008/12/31، عن خيبة أمله واستيائه لرفض "إسرائيل" المبادرة الفرنسية، التي نادت بهدنة لمدة 48 ساعة لإعطاء الفرصة لحماس لوقف إطلاق الصواريخ تجاه "إسرائيل"، واعتبر متحدث باسم المفوضية أن المقترح كان مخرجاً ملائماً للأزمة المتصاعدة[193].

ودعا الرئيس الفرنسي نيكولا ساركوزي Nicolas Sarkozy، في أثناء تواجده في رام الله، إلى وقف لإطلاق النار بين "إسرائيل" وحماس في قطاع غزة "في أقرب وقت ممكن"، موجهاً اللوم أيضاً إلى حماس، معتبراً أنها تتحمل المسؤولية عن معاناة الفلسطينيين في قطاع غزة[194].

غير أن موقف جمهورية التشيك التي تسلمت رئاسة الاتحاد الأوروبي بداية سنة 2009 من فرنسا، ذهب أبعد من المواقف الأوروبية الأخرى في دعمه لـ"إسرائيل"؛ إذ حمّل وزير الخارجية التشيكي كاريل شوارزنبيرغ Karel Shwarzenberg، حماس مسؤولية التصعيد، ودعا إلى تجاهل "هذه المنظمة" في أي مفاوضات محتملة وتجريدها من السلاح[195]. ووصف المتحدث باسم الرئاسة التشيكية ييري بوتيسنيك Jiri Potuznik، العملية الإسرائيلية على قطاع غزة بالدفاعية أكثر منها بالهجومية، غير أن وزير الخارجية شوارزنبيرغ تدارك الموقف، مقراً بأن تصريحات المتحدث باسم الرئاسة "خطأ فادح"[196].

ودعا خافيير سولانا إلى وقف فوري لإطلاق النار في قطاع غزة[197]. ورأى سولانا أن المخرج للأزمة في غزة هو تثبيت وقف النار ليصبح دائماً، وأكد استعداد الاتحاد الأوروبي للعمل على إبقاء المعابر مفتوحة بشكل دائم، كما أكد استعداد الاتحاد الأوروبي لتفعيل اتفاق سنة 2005 بشأن معبر رفح، مشيراً إلى أن الاتفاق قد يحتاج إلى مراجعة، ودعا إلى التعاون في مجال تهريب الأسلحة[198].

ويتلخص موقف الاتحاد الأوروبي بشأن العدوان على غزة من خلال بيان له حول العدوان نص على[199]:

أ. "الوقف الفوري لإطلاق الصواريخ والعمليات العسكرية الإسرائيلية". والملاحظ في صياغة البيانات الأوروبية في مثل هذا الموقف أن النصّ على وقف العمل العسكري الفلسطيني يسبق دائماً النصّ على وقف العمل العسكري الإسرائيلي، ليبدو وكأن العمل العسكري الإسرائيلي هو ردّ فعل على الفعل الفلسطيني.

ب. فتح المعابر الحدودية طبقاً لاتفاقية 2005 الموقعة بين "إسرائيل" والسلطة الفلسطينية والاتحاد الأوروبي، وهو ما يعني حرمان حركة حماس من أي دور

لها في تنظيم الحركة على المعابر. ويعني بلغة أخرى استمرار الحصار ما دامت حكومة حماس تدير قطاع غزة.

ج. استعداد الاتحاد لإعادة إرسال مراقبيه إلى معبر رفح، بالتعاون مع مصر والسلطة الفلسطينية و"إسرائيل" في تجاهل متعمد لحقيقة أن السلطة الفلسطينية التي يعنيها غير متواجدة في القطاع.

د. تقديم المساعدات الإنسانية الفورية.

هـ. تعزيز جهود السلام على أساس "قرارات مؤتمر أنابوليس".

وفي 2009/1/18 شارك زعماء كل من فرنسا، وألمانيا، وبريطانيا، وجمهورية التشيك، وغيرهم في القمة التشاورية الدولية بشأن العدوان على قطاع غزة في مدينة شرم الشيخ. وأجمع القادة المشاركون في القمة على ضرورة الحفاظ على وقف إطلاق النار في القطاع[200].

وأعلن الاتحاد الأوروبي في مؤتمر شرم الشيخ حول إعادة إعمار غزة عن تقديم مساعدات بمبلغ 436 مليون يورو (554 مليون دولار) لسنة 2009. وأعلنت الحكومة البريطانية عن تخصيص حوالي 43 مليون دولار للمساعدة في جهود إعادة الإعمار[201].

وأعلن خافيير سولانا في مؤتمر صحافي عقده مع الرئيس محمود عباس عقب اجتماعهما في مدينة رام الله في 2009/2/28، أن أموال إعادة إعمار قطاع غزة سيتم تحويلها إلى السلطة الفلسطينية، وقال: "لا داعي للبحث عن آلية أخرى تتولى إعادة إعمار قطاع غزة بديلاً عن السلطة الفلسطينية"[202].

ودعا الرئيس الفرنسي إلى تحقيق الوفاق الوطني الفلسطيني لتسهيل عملية إعمار القطاع، وقال إن بلاده "ستدعم الرئيس محمود عباس مالياً لتقديم المساعدة للمتضرّرين، وستوفر للسلطة الفلسطينية المساعدات الأساسية لدفع المرتبات للموظفين تحت سلطتها"[203].

خاتمة

نجحت دول الاتحاد الأوروبي في التعبير عن سياسة واحدة تمثل القواسم المشتركة، مع وجود درجات من الاختلاف تعطي هامشاً للسلوك الخاص لكل دولة تجاه مسار عملية التسوية السلمية للقضية الفلسطينية، والتي تنوعت بين المؤيد للعب دور فاعل في عملية التسوية، وبين المراهن على الدور الأمريكي، والداعم له.

وحاول الاتحاد الأوروبي منذ تأسيسه لعب دور في مسار التسوية السلمية للقضية الفلسطينية، غير أن الطرفين الإسرائيلي والأمريكي عملا على تحجيم الدور الأوروبي وتهميشه، واقتصاره على الجانب الخدماتي، من دعم اقتصادي للسلطة الفلسطينية، أو من خلال المشاركة بقوات أمنية للمساعدة على تطبيق الاتفاقيات...

وفي المقابل، فقد تقاطعت المواقف الأوروبية مع المواقف الأمريكية تجاه القضية الفلسطينية بشكل عام، إلا في بعض القضايا، وكان ذلك واضحاً في ما يتعلق بجدار الفصل العنصري، ومستوطنات الضفة الغربية...

ويرى الاتحاد الأوروبي أن تحقيق السلام في الشرق الأوسط يتطلب حلاً شاملاً، من خلال قيام دولة فلسطينية مستقلة قادرة على البقاء، تعيش جنباً إلى جنب مع "إسرائيل"، مع الأخذ بعين الاعتبار أن أمن "إسرائيل" هو إحدى المنطلقات الاستراتيجية للموقف الأوروبي من قيام الدولة الفلسطينية.

ومن منطلق إدراك الاتحاد الأوروبي أن أمن دوله لم يعد مقتصراً على بعده الداخلي جاءت فكرة الشراكة الأوروبية المتوسطية، حيث أصبح مفهوم الأمن الأوروبي يتسع ليشمل مجمل محيطه، مما يعني أن عدم استقرار الدول المجاورة للاتحاد سوف تنعكس آثاره السلبية بشكل واضح ومباشر عليه.

وأمام الواقع الجديد الذي تمر فيه القضية الفلسطينية من تعثر واضحاً لعملية التسوية السلمية، وعجز الإدارة الأمريكية برئاسة باراك أوباما عن فرض حلول عملية

للقضية الفلسطينية على الحكومة الإسرائيلية برئاسة بنيامين نتنياهو، يمكن التساؤل عن الدور الذي يمكن أن يلعبه الاتحاد الأوروبي في حل القضية الفلسطينية... وهل سيغير الاتحاد الأوروبي سياسته تجاه بعض الحركات الفلسطينية المقاومة كحركتي حماس والجهاد الإسلامي، ويتوجه للحوار معها كقوى صاعدة لا يمكن تجاوزها على الساحة الفلسطينية، وإلى أي مدى سيمارس دوراً أكثر استقلالاً عن الدور الأمريكي.

الهوامش

1 Organisation for Economic Co-operation and Development (OECD) website, The "Marshall Plan" speech at Harvard University, 5/6/1947, http://www.oecd.org/document/10/0,3343,en_2649_201185_1876938_1_1_1_1,00.html

2 OECD website, Organisation for European Economic Co-operation, http://www.oecd.org/document/48/0,3343,en_2649_201185_1876912_1_1_1_1,00.html

3 OECD website, History, http://www.oecd.org/pages/0,3417, en_36734052_36761863_1_1_1_1_1,00.html

4 بشارة خضر، أوروبا وفلسطين من الحروب الصليبية حتى اليوم (بيروت: مركز دراسات الوحدة العربية، 2003)، ص 421-422.

5 Europa site, Treaty of Maastricht on European Union, http://europa.eu/legislation_summaries/economic_and_monetary_affairs/institutional_and_economic_framework/treaties_maastricht_en.htm

6 Europa site, Key facts and figures about Europe and the Europeans, http://europa.eu/abc/keyfigures/index_en.htm,

7 بشارة خضر، أوروبا والوطن العربي (القرابة والجوار) (بيروت: مركز دراسات الوحدة العربية، 1993)، ص 93.

8 عبد الفتاح الرشدان، "العرب والجماعة الأوروبية في عالم متغير،" مجلة دراسات استراتيجية، أبو ظبي، مركز الإمارات للدراسات والبحوث الاستراتيجية، العدد 12، 1998، ص 29.

9 خضر، أوروبا وفلسطين، ص 432-434.

10 خضر، أوروبا والوطن العربي، ص 94-95.

11 الرشدان، مرجع سابق، ص 29.

12 خضر، أوروبا وفلسطين، ص 437.

13 المرجع نفسه، ص 439.

14 المرجع نفسه، ص 440-441.

15 المرجع نفسه، ص 441.

16 فؤاد نهرا، "قرار السياسة الخارجية في الاتحاد الأوروبي في مواجهة قضايا وأزمات الوطن العربي،" في محمد مصطفى كمال وفؤاد نهرا، صنع القرار في الاتحاد الأوروبي والعلاقات العربية الأوروبية (بيروت: مركز دراسات الوحدة العربية، 2001)، ص 160.

17 خضر، أوروبا وفلسطين، ص 452-456.

18 المرجع نفسه، ص 452-461.

19 الرشدان، مرجع سابق، ص 37.

20 خضر، أوروبا وفلسطين، ص 459-465.

[21] أحمد سعيد نوفل، "توجهات الاتحاد الأوروبي نحو القضية الفلسطينية وعملية السلام،" مجلة **دراسات شرق أوسطية**، عمّان، مركز دراسات الشرق الأوسط، بالتعاون المؤسسة الأردنية للبحوث والمعلومات، السنة الثامنة، العدد 25، خريف 2003، ص 45.

[22] خضر، أوروبا وفلسطين، ص 459-465.

[23] المرجع نفسه، ص 459-465.

[24] هيثم الكيلاني، "رؤية نقدية للمشاركة الأوروبية المتوسطية،" مجلة **دراسات شرق أوسطية**، عمّان، مركز دراسات الشرق الأوسط، بالتعاون المؤسسة الأردنية للبحوث والمعلومات، السنة السادسة، العدد 15، ربيع 2001، ص 21.

[25] مصطفى العبد الله الكفري، الشراكة المتوسطية، موقع جريدة الحوار المتمدن، العدد 945، 2004/9/3، انظر :

http://www.ahewar.org/debat/show.art.asp?aid=22891

[26] المرجع نفسه.

[27] نوفل، مرجع سابق، ص 46.

[28] كمال حداد، إدارة الأزمات الدولية من الأزمة الكوبية إلى الأزمة الجورجية، (تصارع الإرادات وتشابه المسارات) (بيروت: 2010)، ص 74-76.

[29] المرجع نفسه.

[30] خضر، أوروبا وفلسطين، ص 514.

[31] Europa site, Treaties Office Database of the European Commission, Euro-Mediterranean Interim Association Agreement on trade and cooperation between the European Community, of the one part, and the Palestine Liberation Organization (PLO) for the benefit of the Palestinian Authority of the West Bank and the Gaza Strip, of the other part, http://ec.europa.eu/world/agreements/prepareCreateTreatiesWorkspace/treatiesGeneralData.do?step=0&redirect=true&treatyId=254

[32] نوفل، مرجع سابق، ص 48.

[33] علي الحاج، سياسات دول الاتحاد الأوروبي في المنطقة العربية بعد الحرب الباردة، سلسلة أطروحات الدكتوراه (51) (بيروت: مركز دراسات الوحدة العربية، 2005)، ص 307.

[34] Europa site, Euro-Mediterranean Conferences, http://ec.europa.eu/external_relations/euromed/conf/index_en.htm

[35] محمد حوات، مفهوم الشرق أوسطية وتأثيرها على الأمن القومي العربي (القاهرة: مكتبة مدبولي، 2002)، ص 363.

[36] علي الحاج، مرجع سابق، ص 317-318.

[37] Council of the European Union, Declaration by European Council on the Middle East Peace Process, Florence, 21-22/6/1996, http://www.consilium.europa.eu/ueDocs/cms_Data/docs/pressData/en/ec/032a0002.htm

38 عدنان السيد حسين، **العرب في دائرة النزاعات الدولية** (بيروت: مطبعة سيكو، 2001)، ص 138-139.

39 حسن نافعة، **الاتحاد الأوروبي والدروس المستفادة عربياً** (بيروت: مركز دراسات الوحدة العربية، 2004)، ص 529-530.

40 نوفل، مرجع سابق، ص 49.

41 خضر، أوروبا وفلسطين، ص 484.

42 المرجع نفسه، ص 483-484.

43 مخلد مبيضين، محددات السياسة الأوروبية تجاه عملية التسوية الإسرائيلية – الفلسطينية بعد معاهدة ماستريخت عام 1993، **مجلة المنارة**، المفرق، الأردن، جامعة آل البيت، المجلد 13، العدد 4، 2007، ص 22-23، انظر:

http://web2.aabu.edu.jo:8080/nara/manar/suportFile/1341.doc

44 خليل حسين، **المفاوضات العربية – الإسرائيلية (وقائع ووثائق) من 19-10-91 إلى 19-12-92** (بيروت: بيسان للنشر والتوزيع، 1993)، ص 252-253-254.

45 خضر، أوروبا وفلسطين، ص 490-491.

46 نهرا، مرجع سابق، ص 175-176.

47 عبد الله عبد الله، "قضية القدس في السياسة الخارجية الأوروبية،" ندوة "القدس مفتاح السلام والحرية"، 2005/11/14، انظر:

http://www.fateh.net/public/nadwt%20quds/mehwar%206.htm#%C7%E1%E4%CF%E6%C9+%C7%E1%CB%C7%E4%ED%C9

48 الرشدان، مرجع سابق، ص 47.

49 مبيضين، مرجع سابق، ص 22-23.

50 علي الحاج، مرجع سابق، ص 310.

51 المرجع نفسه.

52 ناصيف حتي، "حدود الدور الأوروبي وفرصه في عملية التسوية في الشرق الأوسط،" **مجلة المستقبل العربي**، بيروت، مركز دراسات الوحدة العربية، العدد 215، 1997، ص5.

53 Council of the European Union, Declaration by European Council on the Middle East Peace Process, Florence, 21-22/6/1996,

http://www.consilium.europa.eu/ueDocs/cms_Data/docs/pressData/en/ec/032a0002.htm

54 علي الحاج، مرجع سابق، ص 311-312.

55 المرجع نفسه، ص 312-313.

56 خضر، أوروبا وفلسطين، ص 507.

57 المرجع نفسه، ص 508.

58 المرجع نفسه، ص 512.

64

[59] المرجع نفسه، ص 512 و516-518؛

And Europa site, Treaties Office Database of the European Commission, Euro-Mediterranean Interim Association Agreement on trade and cooperation between the European Community, of the one part, and the Palestine Liberation Organization (PLO) for the benefit of the Palestinian Authority of the West Bank and the Gaza Strip, of the other part, http://ec.europa.eu/world/agreements/prepareCreateTreatiesWorkspace/treatiesGeneralData.do?step=0&redirect=true&treatyId=254

[60] خضر، أوروبا وفلسطين، ص 525-526.

[61] عصام حمدان محمد بني فضل، "دور الاتحاد الأوروبي في التنمية السياسية تجاه الأراضي الفلسطينية المحتلة (1991م-2007م)،" قدمت هذه الأطروحة استكمالاً لمتطلبات درجة الماجستير في التخطيط والتنمية السياسية، بكلية الدراسات العليا في جامعة النجاح الوطنية في نابلس- فلسطين، انظر:
http://www.najah.edu/thesis/694.pdf

[62] خضر، أوروبا وفلسطين، ص 538-539.

[63] المرجع نفسه، ص 539.

[64] علي الحاج، مرجع سابق، ص 314.

[65] خضر، أوروبا وفلسطين، ص 545.

[66] بني فضل، مرجع سابق.

[67] ورقة موراتينوس: مقترحات الحل النهائي للصراع الفلسطيني – الإسرائيلي، موقع لبنان الآن، انظر:
http://www.nowlebanon.com/Library/Files/ArabicDocumentation/MA-Moratinos.pdf

[68] بني فضل، مرجع سابق.

[69] جريدة الشرق الأوسط، لندن، 2002/4/3.

[70] The Ayalon-Nusseibeh Plan (The "People's Choice") 27/7/2002, The Jewish Virtual Library,
http://www.jewishvirtuallibrary.org/jsource/Peace/peoplesvoiceplan.html

[71] معتصم حمادة، اللاجئون الفلسطينيون وحق العودة، المركز الفلسطيني للتوثيق والمعلومات (ملف)، 2007/5/15، انظر:
http://www.malaf.info/?page=show_details&Id=18&CatId=96&table=studies

[72] مركز الإعلام الفلسطيني – PMC، 2003/3/22، انظر:
http://www.palestine-pmc.com/arabic/inside1.asp?x=828&cat=2&opt=1

[73] الموقف الدولي من جدار الفصل الإسرائيلي، موقع الجزيرة.نت، 2004/10/3، انظر:
http://www.aljazeera.net/NR/exeres/6ABFE7DB-5A3A-47CE-8423-087245624EE3.htm

[74] بلال الشوبكي، "الجدار الفاصل، الدوافع والآثار،" مركز الشرق العربي للدراسات الحضارية والاستراتيجية، المملكة المتحدة، لندن، انظر:
http://www.asharqalarabi.org.uk/markaz/m_abhath-j.htm

[75] الموقف الدولي من جدار الفصل الإسرائيلي، الجزيرة.نت.

[76] المرجع نفسه.

65

77 European commission, 2597th Council Meeting, General Affairs and External Relations, External Relations, Brussels, 12-13/7/2004, http://europa.eu/rapid/pressReleasesAction.do?reference=PRES/04/216&format=HTML&aged=0&language=EN&guiLanguage=en

78 محمد عبد العاطي، الموقف الأوروبي من إقامة الدولة الفلسطينية، الجزيرة.نت، 2005/7/31، انظر: http://www.aljazeera.net/NR/exeres/E7A41237-AFE3-4B6D-9D40-984F4DA423C2.htm

79 عبد الحكيم حلاسه، "الدور الأوروبي في عملية التسوية، الانسحاب الإسرائيلي أحادي الجانب (فك الارتباط) وفوز حركة حماس في الانتخابات التشريعية،" مجلة مركز التخطيط الفلسطيني، مركز التخطيط الفلسطيني، السنة 6، العدد 22، أبريل/ يونيو 2006، انظر: http://www.oppc.pna.net/mag/mag22/new_page_2.htm#_edn4

80 جريدة الوطن، قطر، 2005/8/28.

81 جريدة **النهار**، بيروت، 2005/3/2.

82 جريدة **الوطن**، السعودية، 2005/3/2.

83 جريدة **الحياة**، لندن، 2006/11/17.

84 جريدة **القدس العربي**، لندن، 2006/5/15.

85 سمير عواد، أعباء الرئاسة الألمانية للاتحاد الأوروبي، جريدة **العرب العالمية**، لندن، 2006/12/19.

86 جريدة **السفير**، بيروت، 2007/1/13، ووكالة معاً الإخبارية، 2007/1/11، انظر: http://www.maannews.net/ar/index.php?opr=ShowDetails&ID=52735

87 جريدة **الأخبار**، بيروت، 2007/1/23.

88 European Jewish Press, Full text of EU document: "State building for peace in the Middle East: an EU Action Strategy": http://www.ejpress.org/article/eu_and_annapolis_summit_/22040

89 وليد عبد الحي "القضية الفلسطينية والوضع الدولي،" في محسن صالح (محرر)، **التقرير الاستراتيجي الفلسطيني لسنة 2007** (بيروت: مركز الزيتونة للدراسات والاستشارات، 2008)، ص 253.

90 **المرجع نفسه.**

91 **المرجع نفسه.**

92 **الوطن**، السعودية، 2008/1/12.

93 Slovenian Presidency of the EU 2008, Statements in International Organisations, United Nations - Security Council: Open debate on the situation in the Middle East, including the Palestinian question (New York), 25/3/2008, http://www.eu2008.si/en/News_and_Documents/Statements_in_International_Organisations/March/0325MZZpalestinaSC.html

94 **القدس العربي**، 2008/11/4.

95 وكالة رويترز، 2008/11/3، انظر: http://ara.reuters.com/article/topNews/idARACAE4A211R20081103

[96] الحياة، 2008/12/10.

[97] جريدة الغد، الأردن، 2009/1/29.

[98] جريدة عكاظ، جدة، 2009/4/12.

[99] رويترز، 2009/7/12، انظر:

http://ara.reuters.com/article/topNews/idARACAE56B0FQ20090712

[100] Haaretz Newspaper, 23/10/2009, http://www.haaretz.com/hasen/spages/1123034.html

[101] الحياة، 2009/11/17.

[102] Council of the European Union, Press Release, 2951st Council meeting, General Affairs and External Relations, Luxembourg, 15-16/6/2009, http://www.consilium. europa.eu/uedocs/cms_data/docs/pressdata/en/gena/108525.pdf; & Council of the European Union, Declaration by the Presidency on behalf of the EU on Israeli settlements, Brussels, 9/9/2009, http://www.consilium.europa.eu/uedocs/cms_ data/docs/pressdata/en/cfsp/109980.pdf

[103] The Guardian Newspaper, 7/3/2009, http://www.guardian.co.uk/world/2009/mar/07/israel-palestine-eu-report-jerusalem

[104] الشرق الأوسط، 2009/12/9؛ And see Council of the European Union, Council conclusions on the Middle East Peace Process, 2985th Foreign Affairs Council meeting, Brussels, 8/12/2009, http://consilium.europa.eu/uedocs/NewsWord/EN/foraff/111829.doc

[105] ماجد كيالي، الاقتصاد الفلسطيني ومعضلة الاعتماد على الخارج، الجزيرة.نت، 2008/7/29، انظر:

http://aljazeera.net/NR/exeres/29573A7F-FF2E-43C9-81C1-12686A3F5CC5. htm?wbc_purpose=b

[106] خافيير سولانا، دعم أوروبي غير منقطع للشعب الفلسطيني، الحياة، 2006/4/24.

[107] جوزيف ديفوير وعلاء الترتير، "تتبع الدعم الخارجي للمنظمات الفلسطينية غير الحكومية في الضفة الغربية وقطاع غزة خلال الفترة 1999–2008،" مركز تطوير المؤسسات الأهلية الفلسطينية، انظر:

http://www.ndc.ps/uploads/File/Researches/Tracking%20Donor%20Fund%20Ar.pdf

[108] المرجع نفسه.

[109] المرجع نفسه.

[110] موقع وزارة المالية في السلطة الوطنية الفلسطينية، انظر:

http://www.pmof.ps/news/plugins/spaw/uploads/files/accounts/2010/02/table7_arb.pdf

[111] حلاسه، الدور الأوروبي في عملية التسوية.

[112] المرجع نفسه.

[113] جريدة الرياض، 2005/4/15.

http://newsforums.bbc.co.uk/ws/es/thread.jspa?sortBy=1&forumID=3365 [114]

and BBC website, 26/6/2007,

[115] خارطة الطريق، الجزيرة.نت، 2005/3/20، انظر :

http://www.aljazeera.net/NR/exeres/EDC305C2-6686-4A05-8159-CEE84F23D207.htm

[116] المرجع نفسه.

[117] المرجع نفسه.

[118] موقع وزارة الخارجية الإسرائيلية، انظر :

http://www.altawasul.com/MFAAR/important+documents/roadmap+plan/

[119] خارطة الطريق، الجزيرة.نت، 2005/3/20.

Communiqué issued by the Quartet at New York, 17/9/2002, [120]

http://unispal.un.org/UNISPAL.NSF/0/54C9E0A5F8CCBD2B85256C3700653EA4

America.gov website, 10/5/2005, [121]

http://www.america.gov/st/washfile-english/2005/May/20050509173844cpatar
uk0.7198297.html

[122] عبد الله الأشعل، مضمون عملية السلام... في ضوء أعمال اللجنة الرباعية وخطة أولمرت، جريدة الثورة، سورية، 2006/6/5.

[123] الشرق الأوسط، 2007/2/20.

[124] جريدة القدس، فلسطين، 2010/3/19.

[125] حلاسه، الدور الأوروبي في عملية التسوية.

[126] بيان للجنة الرباعية حول عملية السلام في الشرق الأوسط، إذاعة الأمم المتحدة — القسم العربي، 2007/3/22، انظر : http://www.un.org/av/radio/ar/detail/5021.html

[127] حلاسه، الدور الأوروبي في عملية التسوية.

[128] جريدة الوطن السعودية، 2009/1/13.

[129] جريدة أخبار الخليج، البحرين، 2009/1/22.

[130] وكالة أنباء نوفوستي الرسمية الروسية، 2010/6/2.

[131] السفير، 2010/6/7.

[132] عبد الحكيم حلاسه، حول الحماية الدولية للفلسطينيين، مركز التخطيط الفلسطيني، 2006/1/16، انظر :

http://www.oppc.pna.net/mag/%20mag2/p7-2.htm

[133] حلاسه، حول الحماية الدولية للفلسطينيين.

[134] تأسيس بعثة التواجد الدولي المؤقت، موقع التواجد الدولي المؤقت في مدينة الخليل، انظر :

http://www.tiph.org/ar/About_TIPH/The_establishment_of_TIPH/

[135] حلاسه، حول الحماية الدولية للفلسطينيين.

[136] تأسيس بعثة التواجد الدولي المؤقت، موقع التواجد الدولي المؤقت في مدينة الخليل.

[137] المرجع نفسه.

[138] المرجع نفسه.

68

139 المرجع نفسه.

140 المرجع نفسه.

141 المرجع نفسه.

142 حلاسه، حول الحماية الدولية للفلسطينيين.

143 بني فضل، مرجع سابق.

144 وكالة الأنباء الكويتية (كونا)، 2001/12/12، انظر:

http://www.kuna.net.kw/NewsAgenciesPublicSite/ArticleDetails.
aspx?Language=ar&id=1213646

145 نوفل، مرجع سابق، ص 54.

146 وكالة قدس برس إنترناشيونال، 2005/6/30. انظر: /http://www.qudspress.com

147 موقع المركز الفلسطيني للإعلام، 2005/7/1، انظر:

http://www.palestine-info.info/arabic/palestoday/dailynews/2005/july05/1_7/
details.htm#1

148 جريدة البيان، دبي، 2005/7/5.

149 الغد، 2005/7/13.

150 جريدة الأيام، رام الله، 2005/7/2.

151 موقع عرب48، 2006/1/31، انظر:

http://www.arabs48.com/display.x?cid=6&sid=54&id=34521

152 الجزيرة.نت، 2010/5/10، انظر:

http://www.aljazeera.net/NR/exeres/FA10C688-E27D-4075-95AC-
CA62F846B253.htm

153 المركز الفلسطيني للإعلام، 2010/6/13، انظر:

http://www.palestineinfo.info/ar/default.aspx?xyz=U6Qq7k%2bcOd87MDI46
m9rUxJEpMO%2bi1s7fS%2bg1yRJL32flVaq6bzMceiSqM1dOOCzkuFuxcnd
0mCf2UcYPfy19ZCv6JFWM0pMY6puJBOrdlu%2b%2b2tjBnlqFybq1aHiR%-
2bCcItZpyFJa8rQ%3d

154 الحياة، 2010/6/13.

155 رائد نعيرات، "القضية الفلسطينية والوضع الدولي،" في محسن صالح وبشير موسى
نافع (محرران)، التقرير الاستراتيجي الفلسطيني 2005 (بيروت: مركز الزيتونة للدراسات
والاستشارات، 2006)، ص 147؛ وياسر الزعاترة، موقف شارون من مشاركة حماس في
الانتخابات، الجزيرة.نت، 2008/1/12، انظر:

http://aljazeera.net/NR/exeres/E7438665-8CE7-4DD6-BF6E-3BFB37F4B634.
htm?wbc_purpose=%5C

156 البيان، 2005/9/19.

157 الشرق الأوسط، 2001/9/19.

158 شبكة النبأ المعلوماتية، 2006/1/27، انظر: http://www.annabaa.org/nbanews/54/031.htm

159 وليد عبد الحي، "القضية الفلسطينية والوضع الدولي،" في محسن صالح (محرر)، **التقرير الاستراتيجي الفلسطيني 2006** (بيروت: مركز الزيتونة للدراسات والاستشارات، 2007)، ص 212.

160 See: Speech by JAVIER SOLANA, Appearance before the European Parliament, Strasbourg, 5/4/2006 in:

http://www.consilium.europa.eu/uedocs/cms_data/docs/pressdata/en/discours/89164.pdf

161 شبكة النبأ المعلوماتية، 2006/1/27.

162 الشرق الأوسط، 2006/1/31.

163 السفير، 2006/2/28.

164 عبد الحي، "القضية الفلسطينية والوضع الدولي،" ص 212.

165 جريدة الخليج، الشارقة، 2006/4/11.

166 عبد الحي، "القضية الفلسطينية والوضع الدولي،" ص 212.

167 المرجع نفسه.

168 الشرق الأوسط، 2007/6/18.

169 جريدة الوطن، السعودية، 2007/6/19.

170 جريدة الدستور، الأردن، 2008/2/21.

171 جريدة الجريدة، الكويت، 2008/4/19.

172 الدستور، 2010/6/1.

173 الخليج، الشارقة، 2010/6/2.

174 الحياة، 2010/6/13.

175 السفير، 2010/6/15.

176 المرجع نفسه.

177 السفير، 2010/6/10.

178 Israel-Palestinian Authority agreement on movement and access and Agreed Principles for Rafah Crossing, U.S. Department of State, Diplomacy in Action, See: http://www.state.gov/s/l/2005/87237.htm

179 الجزيرة.نت، 2010/1/6، انظر:

http://www.aljazeera.net/NR/exeres/9378A77B-086D-45E4-A0CD-BB4B7F1AA05E.htm

180 موقع بعثة الاتحاد الأوروبي للمساعدة الحدودية في رفح، انظر: http://www.eubam-rafah.eu/ar/node/2358

181 موقع بعثة الاتحاد الأوروبي للمساعدة الحدودية في رفح، انظر:

http://www.eubam-rafah.eu/ar/content/%D8%A7%D9%84%D9%88%D8%B5%D8%A7%D9%8A%D8%A9

182 موقع بعثة الاتحاد الأوروبي للمساعدة الحدودية في رفح، انظر:

http://www.eubam-rafah.eu/ar/content

[183] موقع بي بي سي، 2010/6/7، انظر :

http://www.bbc.co.uk/arabic/middleeast/2010/06/100607_moratinos_gaza_tc2.shtml

[184] ميغيل انخيل موراتينوس، وبرنار كوشنير، وفرانكو فراتيني، غزة بعد المأساة، موقع "فرانس ديبلوماسي"، وزارة الشؤون الخارجية والأوروبية، 2010/6/11، انظر :

http://www.diplomatie.gouv.fr/ar/article1115.html?lang=ar

[185] الخليج، الشارقة، 2008/12/3.

[186] جريدة القدس، القدس، 2010/6/8.

[187] الحياة، 2010/6/9.

[188] الحياة، 2010/6/11.

[189] وكالة أنباء شينخوا، 2010/5/17، انظر :

http://arabic.news.cn/arabic/2010-05/18/c_13300186.htm

[190] الشرق الأوسط، 2008/12/28.

[191] الشرق الأوسط، 2008/12/29.

[192] الشرق الأوسط، 2008/12/31.

[193] الوطن، السعودية، 2009/1/1.

[194] الشرق الأوسط، 2009/1/6.

[195] الجزيرة.نت، 2008/12/31، انظر :

http://www.aljazeera.net/NR/exeres/D9E7A192-6FFC-455B-BBB6-E0120C88736D.htm

[196] الخليج، الشارقة، 2009/1/5.

[197] الشرق الأوسط، 2008/12/28.

[198] الحياة، 2009/1/25.

[199] وليد عبد الحي، "القضية الفلسطينية والوضع الدولي،" في محسن صالح (محرر)، التقرير الاستراتيجي الفلسطيني لسنة 2008 (بيروت: مركز الزيتونة للدراسات والاستشارات، 2009)، ص 210، وانظر أيضاً:

Statement by the European Union on the Situation in the Middle East, The Ministry of Foreign Affairs, Paris, 30/12/2008, http://www.consilium.europa.eu/uedocs/cms_Data/105082/pdf

[200] الحياة، 2009/1/19.

[201] الشرق الأوسط، 2009/3/2.

[202] الغد، 2009/3/1.

[203] جريدة الشرق، قطر، 2009/3/3.

Printed in the United States
By Bookmasters